国学必读名篇

王丽娟　毛超　主编

中原出版传媒集团
中原传媒股份公司

大象出版社
·郑州·

图书在版编目(CIP)数据

国学必读名篇 / 王丽娟，毛超主编.— 郑州 ：大象出版社，2017. 1（2018. 9 重印）
ISBN 978-7-5347-7702-8

Ⅰ. ①国… Ⅱ. ①王… ②毛… Ⅲ. ①国学—通俗读物 Ⅳ. ①Z126-49

中国版本图书馆 CIP 数据核字(2016)第 047539 号

国学必读名篇

GUOXUE BIDU MINGPIAN

王丽娟　毛　超　主编

出 版 人　王刘纯
责任编辑　刘丹博
责任校对　张迎娟　裴红燕
书籍设计　王莉娟

出版发行　大象出版社(郑州市开元路 16 号　邮政编码 450044)
发行科　0371-63863551　总编室　0371-65597936
网　　址　www.daxiang.cn
印　　刷　新乡市豫北印务有限公司
经　　销　各地新华书店经销
开　　本　787mm×1092mm　1/16
印　　张　12.75
字　　数　144 千字
版　　次　2017 年 1 月第 1 版　2018 年 9 月第 3 次印刷
定　　价　26.00 元

印厂地址　新乡县翟坡镇兴宁村
邮政编码　453000　　　电话　0373-5635065

本书编委会

主编：王丽娟　毛　超

编委：程洛佳　梁永艳　刘　勤

孙云霞　王珊珊　谢玲霞

邢秀娟　员　舒　周　娟

选编说明

中华文化海纳百川，源远流长。国学融儒道百家遂成经典，中华经典诵读篇目传承其底蕴、发扬其精华。“求木之长者，必固其根本；欲流之远者，必浚其泉源。”国学曾经哺育出了既有丰富文化修养又具有优秀传统美德的一代又一代中华儿女。

为了提高国民对中国经典文化的热爱之情，培养爱国意识，增强民族凝聚力，《国学必读名篇》应时而生。

一、本书内容摘自国学经典篇章，力图使读者通过诵读积累国学知识并从中接受中国优良传统的熏陶。

二、本书选材以《论语》《中庸》《孟子》为主，又兼及蒙童教材和其他各类国学名篇。选材时我们着意以下三点：通俗易懂，朗朗上口，易记易诵；表现励志勤学、理想情怀和国家意识，发扬传统美德，传颂民族精神；体现积极的世界观，传播正能量，树立正确的人生信念。

三、本书的诵读宜采用熟读成诵法、理解诵读法和想象画面法等。“书读百遍，其义自见。”诵读国学经典可以开发智力，提高记忆力、专注力、思考力和创造力，同时也可以受到经典的潜移默化，使心性向善。

腹有诗书气自华（代序）

文字如一棵巨树，我们所熟知的叶、果乃其直观的组成部分，而其根部和发达的支系，则联结纵深处的文化诗学。先秦诸子、两汉辞赋、魏晋文章、唐诗宋词、明清小说等，恰是古典文化的气质所在，正所谓“文章千古事，得失寸心知”。自人类肇始起，对文字的敬畏和对自然山川的敬畏一道构成了人类对文化敬畏的主体部分。马克思认为，语言是一切思想和现实的外衣。海德格尔认为，语言是存在的家园。他们这些智者，针对神祇一样的语言存在，皆发出了同样的浩叹。

即使进入了电子媒介时代，纸质的阅读依然具备某种不可替代性。这种认识不是来自我们的主观臆想，而是来自数千年沿袭而成的思维认知结构。纸质的图书，哪怕是尺素便笺，也会像竹节一般，楔进记忆，成为节点所在。

德国哲学家康德曾经指出，每一个个体从自我奴役的状态中超越出来，皆是极端困难的。在这个问题上，俄罗斯白银时代的思想家别尔嘉耶夫也有类似的论断，专注于自己的状态，专注于自我的生老病死苦而难以超拔出来，为人生之常态。而阅读恰是实现自我启蒙的必然环节，读不懂江河大海，何谈理解一滴水的含义？阅读就是从雨滴开始，通过细雨、溪流、小河的中转，最终流向江河湖海，然后再返回，在世界的多重影像中，确立一滴水的位置和特性。阅读从热爱开始，毕竟热爱是最好的导师，热爱始于兴趣，完成于兴趣的定向和深化。兴趣就阅读而言，在我的理解，一方面来自求知天性所在；另一方面则来自苦中求乐的过程，如禅宗阐发的痛快的道理一样，痛和快两个词语相反相成，内蕴世间万物之间朴素的辩证法。阅读，或为一件辛苦的事情，快餐阅读的整体语境中，慢节拍的纸质阅读尤甚。苦读为大呼痛快之前的必修课，是大围墙中的第一道门，这一道门无法推开而入的话，里面的亭台楼榭、花鸟虫鱼皆难以得见。“书读百遍，其义自见”，此为苦读后的开悟。所谓雪夜闭门读禁书，或者红袖添香夜读书，多为古士子的臆想，不可当真。世人所推崇的不求甚解但求会意的陶渊明式的读书法和苏轼的读书方法，都是把书当作下酒之菜，读到会意处，就来上一大杯。前人笔记中记载苏轼“每夕读书，以一斗为率”，就是读一晚上的书需要一斗酒下去，这和陶潜的读书境界异曲同工，但二者均不可取，亦不可学。不必燃香，不必沐浴，也不必鸟鸣相伴，若能够安安静静地读上一个小时的经典人文图书，则善莫大焉!

初学者尚难理解万物百态的精义，这一时期，苦读是较为切实的读书方法。比如上文提及的苏轼，他的出神入化是在很晚的时间段才出现的，早年的苏轼是典型的苦读学派的弟子。据林语堂的《苏东坡传》记载，苏轼8岁的时候在母亲的教导下就能够背诵《汉书》和《后汉书》。现在中华书局出版的这两本书，都是12卷之多。问题的关键是，苏轼除背下这两本书外，还读了大量的经史子集方面的书籍。如果没有扎实的学识积累，苏轼也做不到对书中兴味、神韵这些最高层次美学品位的理解，更谈不上后来他在诗、文、词方面取得的杰出成就了。

阅读是伴随人一生的必修课，所以，人生经历和阅读密切相关。清代张潮在《幽梦录》中曾言：“少年读书，如隙中窥月；中年读书，如庭中望月；老年读书，如台上玩月。皆以阅历之浅深，为所得之浅深耳！”另外，阅读初始阶段的眼界培养，离不开经典阅读的滋养。朱自清在《经典常谈》的序言部分说道：“在中等以上的教育里，经典训练应该是一个必要的项目。经典训练的价值不在实用，而在文化。”诚哉斯言！

眼前的这本《国学必读名篇》，其编选思路与孔门四科不谋而合，即德行、言语为上者，政事与文学（指文献、辞章）则辅之。亲情人伦的感召和规训乃中华文化绵延不绝之根基，《论语》曾阐发君子三畏说，这种敬畏观和国学大师钱穆先生的国史敬畏观遥相呼应，在高度物质化的世界里，对于保存文化精神的余脉，尤为必要。所谓“道不远人”，道就在我们身边，在我们自己的身体里。而道的显现，则需要阅读去点亮，然后生根发芽，趋于茁壮。

河南大学文学院副教授　刘　军

2017 年 1 月

目　录

《论语》二十四则

学而第一

子禽[1]问于子贡[2]曰："夫子[3]至于是邦[4]也，必闻[5]其政，求之与[6]？抑[7]与之与？"子贡曰："夫子温、良、恭、俭[8]、让以得之。夫子之求之也，其诸[9]异乎[10]人之求之与？"

【注释】

[1]子禽：春秋时鲁国人，名陈亢，字子禽。

[2]子贡：生于公元前520年，卒年不详。春秋末卫国人。端木氏，名赐。孔子弟子。

[3]夫子：指孔子。

[4]是邦：这个国家。这里不特指哪个国家。

[5]闻：能听到，能知道。

[6]与：通"欤"，呢。

[7]抑：还是。表示选择疑问。

[8]俭：自我约束，谨慎。

[9]其诸：表猜测的语气词。

[10]异乎：异于，不同于。乎：于。

公冶长第五

颜渊、季路[1]侍。子[2]曰："盍[3]各言尔志？"子路曰："愿车马、衣轻裘[4]，与朋友共，敝[5]之而无憾。"颜渊曰："愿无伐[6]善，无施劳[7]。"子路曰："愿闻子之志！"子曰："老者安之[8]，朋友信之，少者怀之。"

【注释】

[1] 季路：指子路。

[2] 子：先生，先秦对男子的尊称。这里特指孔子。

[3] 盍（hé）：何不，为什么不。

[4] 车马：乘坐马拉的车。衣轻裘：穿裘衣。车、衣，名词用作动词。

[5] 敝：坏。形容词作动词用，指用坏。

[6] 伐：以……自矜。

[7] 施劳：表明功劳。

[8] 安：加以安抚。之：指前面的老者。后面两个"之"用法相同。

述而第七

子曰："'述[1]而不作[2]，信而好古[3]。'窃比于我老彭[4]。"

【注释】

[1] 述：记述，陈述，指承袭前人。

[2] 作：创造，指有所发明。

[3] 信而好古：相信并热爱古代的东西。

[4] 老彭：古人名，是商代的贤大夫。

子曰："默而识[1]之，学而不厌[2]，诲[3]人不倦，何有于我哉[4]？"

【注释】

[1] 识 (zhì)：记住。

[2] 厌：满足。

[3] 诲：教导。

[4] 何有于我哉：对我而言，又做到了哪一样呢？

子曰："德之不修，学之不讲[1]，闻义不能徙[2]，不善不能改，是吾忧[3]也。"

【注释】

[1] 讲：讲习。

[2] 徙（xǐ）：改变。

[3] 忧：担忧。

子之燕居[1]，申申如[2]也，夭夭如[3]也。

【注释】

[1] 燕居：也叫"宴居"，指退朝后的平常相处。

[2] 申申如：安详舒适的样子。

[3] 夭夭如：体貌和舒的样子。

子曰："甚矣吾衰也[1]！久矣吾不复梦见周公[2]！"

【注释】

[1] 甚矣吾衰也：我的衰老真是厉害啊！这是倒装句，正确的语序应该是"吾衰甚矣"。

[2] 久矣吾不复梦见周公：我已经很久没有梦见周公了！句型和上句一样，是倒装。周公，周代政治家，姓姬名旦，亦称"叔旦"。文王之子，武王之弟。因采邑在周（今陕西岐山北），爵为上公，故称"周公"。周公是孔子最崇拜的古代圣人。孔子把他视作周代文化的代表。

子食于有丧者[1]之侧，未尝[2]饱也。子于是日[3]哭，则不歌。

【注释】

[1] 有丧者：死了亲人的人。

[2] 未尝：没有过。尝，曾经。

[3] 是日：这一天。

子曰："饭[1]疏食[2]，饮水[3]，曲肱[4]而枕之，乐亦在其中矣。不义而富且贵，于我如浮云。"

【注释】

[1] 饭：吃。

[2] 疏食：粗粮。

[3] 水：指冷水。

[4] 肱（gōng）：胳膊。

叶公[1]问孔子于子路[2]，子路不对[3]。子曰："女[4]奚[5]不曰：其为人也，发愤忘食，乐以忘忧，不知老之将至云尔[6]！"

【注释】

[1] 叶（shè）公：人名。指楚国人沈诸梁，字子高，当时是叶地的长官。叶作地名时念shè，在今河南叶县。

[2] 子路：生于公元前542年，卒于公元前480年。春秋末鲁国卞（今山东泗水东南）人。仲氏，名由，字子路，亦字季路。孔子弟子。

[3] 对：回答。

[4] 女（rǔ）：通"汝"，你。

[5] 奚：为什么。

[6] 云尔：如此而已，这样罢了。

子曰："我非生而知之者[1]，好古，敏[2]以求之者也。"

【注释】

[1] 生而知之者：气质清明，义理昭著，不待学而知也。

[2] 敏：勤勉。

子钓而不纲[1]，弋[2]不射宿[3]。

【注释】

[1] 纲：渔网的总绳，代指渔网。这里是名词作动词，网鱼的意思。

[2] 弋（yì）：用带绳的箭射鸟。

[3] 宿：归宿的（鸟）。

子与人歌而善[1]，必使反[2]之，而后和[3]之。

【注释】

[1] 善：唱得好。

[2] 反：指重新唱一次。

[3] 和（hè）：跟着唱。

子曰："若[1]圣与仁，则吾岂敢[2]？抑[3]为之不厌[4]，诲[5]人不倦，则可谓云尔已矣。"公西华[6]曰："正唯[7]弟子不能学也。"

【注释】

[1] 若：那。

[2] 吾岂敢：我哪里敢（当）呢？

[3] 抑：只不过。

[4] 厌：满足。

[5] 诲：教导。

[6] 公西华：名赤，字子华，春秋末年鲁国人。孔子弟子。

[7] 正唯：正是。

子温而厉[1]，威[2]而不猛[3]，恭而安。

【注释】

[1] 厉：严肃。

[2] 威：威严。

[3] 猛：凶猛。

子罕第九

子绝[1]四：毋意[2]，毋必[3]，毋固[4]，毋我[5]。

【注释】

[1] 绝：杜绝。

[2] 意：臆测。

[3] 必：必须如此，指毫无变通。

[4] 固：固执拘泥。

[5] 我：主观武断。

子畏[1]于匡[2]，曰：“文王[3]既没[4]，文[5]不在兹[6]乎？天之将

丧斯[7]文也，后死者[8]不得与[9]于斯文也；天之未丧斯文也，匡人其如予何[10]？”

【注释】

[1]畏：围困。

[2]匡：地名，在今河南长垣附近。据《史记·孔子世家》记载，孔子路过匡地时，因被当地人误认为是鲁国的阳虎而被围困，极为危险。

[3]文王：指周文王，姓姬名昌，商纣王时为西伯，亦称伯昌。是商末周族领袖。

[4]没（mò）：通“殁”，死亡。

[5]文：文化，文明。孔子精通周代的典章礼乐。

[6]兹：（我）这里。

[7]斯：这。

[8]后死者：后死的人，这里是相对于周文王而言，指孔子自己。

[9]与（yù）：接触，得到。

[10]如予何：把我怎么样。

颜渊[1]喟然[2]叹曰：“仰之弥高，钻之弥坚；瞻之在前，忽焉在后[3]。夫子循循然[4]善诱[5]人，博[6]我以文，约[7]我以礼。欲罢不能，既竭吾才，如有所立卓尔[8]。虽欲从之，末由也已[9]。”

【注释】

[1]颜渊：生于公元前521年，卒于公元前490年。春秋末鲁国人。

名回，字子渊。孔子弟子。

[2] 喟（kuì）然：长叹的样子。

[3] 仰之弥高，钻之弥坚；瞻之在前，忽焉在后：指孔子的学问高深莫测，无所不在。弥，越来越。瞻，看。忽焉，忽然。

[4] 循循然：循序渐进的样子。

[5] 诱：诱导。

[6] 博：使……博，指使……充实。

[7] 约：约束。

[8] 卓尔：高大的样子。

[9] 末：无。由：方法。也已：语气词，相当于感叹词“啊”。

子贡曰：“有美玉于斯，韫[1]椟[2]而藏诸[3]？求善贾[4]而沽[5]诸？”子曰：“沽之哉！沽之哉！我待贾者也！”

【注释】

[1] 韫（yùn）：藏。

[2] 椟（dú）：木匣子。

[3] 诸：之乎。

[4] 贾（gǔ）：商人。

[5] 沽（gū）：出售。

子曰：“出则事[1]公卿，入则事父兄，丧事不敢不勉，不为酒困[2]，何有于我哉？”

【注释】

[1] 事：侍奉。

[2] 困：乱。

先进第十一

子路、曾皙[1]、冉有[2]、公西华侍坐[3]。子曰："以吾一日长乎尔[4]，毋吾以也[5]。居[6]则曰：'不吾知也。'如或[7]知尔，则何以哉？"子路率尔[8]而对曰："千乘之国[9]，摄[10]乎大国之间，加之以师旅[11]，因[12]之以饥馑[13]；由也为之，比及[14]三年，可使有勇，且知方[15]也。"夫子哂[16]之。"求，尔何如？"对曰："方六七十[17]，如五六十，求也为之，比及三年，可使足民[18]。如其[19]礼乐，以俟[20]君子。""赤[21]！尔何如？"对曰："非曰能之[22]，愿学焉。宗庙之事，如会同[23]，端章甫[24]，愿为小相[25]焉。""点[26]！尔何如？"鼓瑟希[27]，铿尔[28]，舍瑟而作[29]。对曰："异乎三子者之撰[30]。"子曰："何伤[31]乎？亦各言其志也。"曰："莫春[32]者，春服既成，冠者[33]五六人，童子六七人，浴乎沂[34]，风乎舞雩[35]，咏而归。"夫子喟然叹曰："吾与[36]点也！"三子者出，曾皙后[37]。曾皙曰："夫三子者之言何如？"子曰："亦各言其志也已矣[38]。"曰："夫子何哂由也？"曰："为国以礼，其言不让[39]，是故哂之。""唯求则非邦也与[40]？""安见方六七十如五六十而非邦也者？""唯赤则非邦也与？""宗庙会同，非诸侯而何？赤也为之小，孰能为之大[41]？"

【注释】

[1] 曾皙（xī）：名点，字皙，曾参的父亲。孔子弟子。

[2] 冉有：名求，字子有。孔子弟子。

[3] 侍坐：陪侍孔子旁。

[4] 以：因为。长：比你们年长。

[5] 毋吾以也：不要因我而感到拘束，“吾以”二字是倒装。

[6] 居：日常生活中。

[7] 如：如果。或：有的人。

[8] 率尔：鲁莽的。

[9] 千乘（shèng）之国：春秋时指中等诸侯国。乘，兵车。古代按土地出兵车，能出一千辆兵车的是一个中等诸侯国。

[10] 摄：夹处。

[11] 师旅：军队。

[12] 因：继续，连接。

[13] 饥馑（jǐn）：饥荒。

[14] 比及：等到。

[15] 知方：明白道理。

[16] 哂（shěn）：微笑。

[17] 方六七十：方圆六七十里（的国家）。

[18] 足民：使人民生活富足。

[19] 如其：要说那。

[20] 俟（sì）：等待。

[21] 赤：指公西华。

[22] 非曰能之：不敢说能做什么。

[23] 会同：诸侯会盟之事。

[24] 端：玄端，古代的礼服。章甫：古代的礼帽。这里都作为动词用。

[25] 相（xiàng）：祭祀、会同时赞礼、司仪的职位，有不同的等级。

[26] 点：指曾皙。

[27] 瑟：一种乐器。希：通“稀”，这里指鼓瑟的声音变得稀疏。

[28] 铿（kēng）尔：铿的一声。铿，拟声词。

[29] 舍：放下。作：站起来。

[30] 撰：述。

[31] 伤：妨害。

[32] 莫（mù）春：暮春。莫，通“暮”。

[33] 冠者：成年人。古人二十岁开始戴冠，行冠礼，表示成年。未加冠称为“童子”。

[34] 沂（yí）：指附近的沂河。

[35] 风：吹风。舞雩（yú）：祭坛高台的名字，鲁国祭天求雨的场所。

[36] 与：赞同。

[37] 后：最后出。

[38] 已矣：而已，罢了。

[39] 让：谦让。

[40] 唯求则非邦也与：难道冉求所说的就不是邦国之事吗？唯，句首语气词，无意义。

[41] 赤也为之小，孰能为之大：公西华只能做一个小司仪的话，谁还能做大司仪呢。

宪问第十四

子曰："莫我知[1]也夫！"子贡曰："何为其莫知子也？"子曰："不怨天，不尤[2]人。下学而上达[3]。知我者其天乎！"

【注释】

[1] 莫我知：没有人知道我。"莫知我"的倒装。

[2] 尤：埋怨。

[3] 上达：上通于天。

子路宿[1]于石门[2]。晨门[3]曰："奚[4]自？"子路曰："自孔氏。"曰："是知其不可而为之者与[5]？"

【注释】

[1] 宿：过夜。

[2] 石门：鲁国国都的外门。

[3] 晨门：守门人。

[4] 奚：哪里。

[5] 与：通"欤"，语气词，表疑问。

微子第十八

长沮、桀溺[1]耦[2]而耕。孔子过之，使子路问津[3]焉。长沮曰："夫执舆[4]者为谁？"子路曰："为孔丘。"曰："是鲁孔丘与？"曰：

"是也。"曰："是[5]知津矣。"问于桀溺，桀溺曰："子[6]为谁？"曰："为仲由[7]。"曰："是鲁孔丘之徒与？"对曰："然。"曰："滔滔[8]者天下皆是也，而谁以易[9]之？且而[10]与其从辟人之士[11]也，岂若从辟世之士[12]哉？"耰[13]而不辍[14]。

子路行以告。夫子怃然[15]曰："鸟兽不可与同群，吾非斯人之徒与而谁与？天下有道，丘不与易也。"

【注释】

[1] 长沮（jù）、桀（jié）溺：两个隐者。两词皆形容人的形象，不是二人的真实姓名。沮，沮洳，润泽之处。桀，同"杰"，魁梧之意。溺，身浸水中。子路见一个长大的人和一个魁梧的人都在泥水中耕作。

[2] 耦（ǒu）：两人合耕。

[3] 津：渡口。

[4] 执舆：驾车。

[5] 是：他。

[6] 子：你。

[7] 仲由：子路的字。

[8] 滔滔：水周流貌，喻世上的纷乱。

[9] 易：改变，指安定天下，改变社会现状。

[10] 而：通"尔"，你。

[11] 辟人之士：指孔子。辟，通"避"。人，指与孔子思想不合的人。因孔子碰到他们往往避开，故桀溺称其为"辟人之士"。

[12] 辟世之士：指隐者，长沮、桀溺自谓。

[13] 耰（yōu）：农具名，名词作动词用，用农具击碎土块掩盖种子。

[14] 辍（chuò）：停止。

[15] 怃然：怅然若失的样子。

【文学常识】

《论语》，语录体文集，主要记载孔子及其弟子的言行。没有明确的作者，是由孔子的弟子和再传弟子们集腋成裘地积累而成。因此全书没有固定的编排体例和次序。全书共二十篇，大约成书于战国初年。

孔子（前551—前479），名丘，字仲尼，春秋时期鲁国人。我国古代伟大的思想家、政治家、教育家，儒家学派创始人。他的思想主要记录在《论语》中。

【赏析】

孔子的思想内容很丰富，归纳起来说，其核心就是“仁”。“仁”始终贯穿于孔子的哲学、政治、教育、伦理主张的各个方面。“仁”在教育方面的一个重要体现就是“学”，通过学习就能达到“仁”的境界。子曰：“德之不修，学之不讲，闻义不能徙，不善不能改，是吾忧也。”孔子在他的诸多弟子中最喜欢颜渊。孔子说：“有颜回者好学。”“好学”在孔子看来是一个很了不起的优点。孔子本人也是一个爱学习的人。他说自己“发愤忘食”“为之不倦”，而且每到一个国家，都“必闻其政”。孔子是古代的圣人，他之所以能够成为中国古代首屈一指的思想家，很大一部分原因在于他的学习精神。《〈论语〉二十四则》旨在告诉我们这一点。

《中庸》十一章

第一章

天命之谓[1]性，率性[2]之谓道，修道[3]之谓教。道也者，不可须臾[4]离也；可离非道也。是故君子戒慎乎其所不睹[5]，恐惧乎其所不闻。莫见乎隐[6]，莫显乎微，故君子慎其独[7]也。喜怒哀乐之未发[8]，谓之中；发而皆中节[9]，谓之和。中也者，天下之大本[10]也；和也者，天下之达道[11]也。致[12]中和，天地位[13]焉，万物育[14]焉。

【注释】

[1] 天命：上天赋予的，指人最初的天赋。之谓：叫作，称之为。

[2] 率性：遵循本性。

[3] 修道：按照“道”的原则自我修养。

[4] 须臾：一会儿，指很短的时间。

[5] 戒慎：警戒小心。乎：于，在。睹：看见。

[6] 莫：没有什么更。见：通“现”，显现，明显。

[7] 慎其独：一人独处时也很谨慎。

[8] 发：表现出来。

[9] 中（zhòng）节：合乎节制。

[10] 本：基础。

[11] 达道：通用的方法。

[12]致：达到。

[13]位：名词作动词用，在其位。

[14]育：孕育繁衍。

第六章

子曰：“舜其[1]大知[2]也与！舜好问而好察迩言[3]，隐恶而扬善，执其两端[4]，用其中[5]于民，其斯以为舜乎[6]！”

【注释】

[1]舜：传说中父系氏族社会后期部落联盟领袖。其：语气词，表猜测。

[2]知：通“智”，智慧。

[3]察迩（ěr）言：分析（别人）浅近的话语。迩，近。

[4]两端：指出现的两种反差大的观点。

[5]用其中：采纳适中的。

[6]其斯以为舜乎：这就是舜之所以为舜的地方吧。斯，这。“舜”字的本义是仁义圣明，所以孔子有此感叹。

第七章

子曰：“人皆曰‘予知’[1]，驱而纳[2]诸罟擭[3]陷阱之中，而莫之知辟[4]也。人皆曰‘予知’，择乎中庸[5]，而不能期月[6]守也。”

【注释】

[1]予知：我聪明。予，我。

[2] 纳：进入。

[3] 罟（gǔ）：捕兽的网。擭（huò）：装有机关的捕兽用的木笼。

[4] 辟（bì）：同“避”，躲避。

[5] 择乎中庸：（即使）选择了中庸之道。

[6] 期（jī）月：一整月。

第八章

子曰：“回[1]之为人也，择乎中庸。得一善，则拳拳[2]服膺[3]而弗[4]失之矣。”

【注释】

[1] 回：指颜回，是孔子的学生。

[2] 拳拳：恳切的样子。

[3] 服膺（yīng）：放在胸口，指执着不舍。膺，胸。

[4] 弗：不。

第十章

子路[1]问强。子曰：“南方之强与[2]？北方之强与？抑而强与[3]？宽柔以教，不报[4]无道，南方之强也，君子居[5]之。衽金革[6]，死而不厌[7]，北方之强也，而强者居之。故君子和而不流[8]，强哉矫[9]！中立而不倚[10]，强哉矫！国有道，不变塞[11]焉，强哉矫！国无道，至死不变，强哉矫！”

【注释】

[1] 子路：孔子的学生。

[2] 与：疑问词，吗。

[3] 抑：选择性连词，意为“还是”。而：通“尔”，你，你的。

[4] 报：报复，报仇。

[5] 居：处。此句意思是君子的“强”就是南方之强。

[6] 衽（rèn）金革：把武器和甲盾作为自己的枕席。衽，卧席。金，金属，指武器。革，皮革，指甲盾。

[7] 厌：满足。指死而后已。

[8] 和而不流：性情平和又不随波逐流。

[9] 矫：坚强的样子。

[10] 不倚：不偏斜。

[11] 不变塞（sè）：不改变志向。

第十一章

子曰：“素隐行怪[1]，后世有述[2]焉，吾弗为之矣。君子遵道而行，半涂[3]而废，吾弗能已[4]矣。君子依乎中庸。遁世[5]不见知[6]而不悔，唯圣者能之。”

【注释】

[1] 行怪：做一些怪异的事情。

[2] 述：记述，记录。

[3] 涂：通“途”，道路。

[4] 已：停止。

[5] 遁世：脱离世界，指一生默默无闻。

[6] 不见知：不为人所知。见，被。

第十四章

君子素其位[1]而行，不愿乎其外[2]。素富贵，行乎富贵；素贫贱，行乎贫贱；素夷狄[3]，行乎夷狄；素患难，行乎患难。君子无入[4]而不自得[5]焉！在上位不陵[6]下，在下位不援[7]上。正己[8]而不求于人，则无怨。上不怨天，下不尤[9]人。故君子居易[10]以俟命[11]，小人行险以侥幸[12]。子曰："射有似乎[13]君子，失诸正鹄[14]，反求诸其身[15]。"

【注释】

[1] 素其位：安于现在所处的地位。素，平素，这里作动词用，意思是"处在……的情况"。

[2] 愿：期许，奢求。其外：超过自己本分的东西。

[3] 夷狄（dí）：指当时的少数民族。

[4] 无入：无论处于什么情况下。

[5] 自得：安然的样子。

[6] 陵：欺辱。

[7] 援：攀援，指投靠有势力的人往上爬。

[8] 正己：端正自己。

[9] 尤：抱怨。

[10] 居易：居于平安的地位，也就是安于现状的意思。

[11] 俟命：指等待时机。俟（sì），等待。

[12] 小人行险以侥幸：小人铤而走险妄图能得一时侥幸。

[13] 射：射箭。有似乎：像。

[14] 失诸正（zhēng）鹄（hú）：没射中箭靶。正、鹄，均指箭靶子。

[15] 反求诸其身：反过来找自己的原因。求，寻找。诸，之于。

第十六章

子曰："鬼神之为德，其盛[1]矣乎！视之[2]而弗见，听之而弗闻，体物而不可遗[3]。使天下之人齐明盛服[4]，以承祭祀，洋洋[5]乎如在其上，如在其左右。《诗》[6]曰：'神之格思，不可度思，矧可射思。'[7]夫微之显[8]，诚之不可掩[9]如此夫！"

【注释】

[1] 盛：大。

[2] 之：指鬼神。

[3] 体物：体现在万物之中。遗：离开。

[4] 齐（zhāi）：通"斋"，斋戒。明：洁净。盛服：盛装。

[5] 洋洋：盛大的样子。

[6]《诗》：指《诗经》。这句话引自《诗经·大雅·抑》。

[7] 格：来临。思：语气词，无意义。度（duó）：揣度。矧（shěn）：况且。射（yì）：厌，指懈怠，不祭神。

[8] 微之显：从隐微到显著。之，动词，到。

[9] 诚：的确。掩：掩盖。

第十九章

子曰："武王、周公[1]，其达孝[2]矣乎！夫孝者，善继人之志[3]、善述人之事者也[4]。春秋修[5]其祖庙，陈其宗器[6]，设其裳衣[7]，荐其时食[8]。宗庙之礼，所以序昭穆也[9]。序爵[10]，所以辨贵贱也。序事[11]，所以辨贤也。旅酬下为上，所以逮贱也[12]。燕毛[13]，所以序齿[14]也。践其位[15]，行其礼，奏其乐，敬其所尊，爱其所亲，事[16]死如事生，事亡如事存，孝之至也。郊社之礼，所以事上帝[17]。宗庙之礼[18]，所以祀[19]乎其先也。明乎郊社之礼、禘尝[20]之义，治国其如示诸掌[21]乎！"

【注释】

[1]武王：指周武王，姓姬名发，是周朝的明君。周公：武王的弟弟，姓姬名旦，是周朝的贤臣。

[2]达孝：孝的最高境界。

[3]善：擅长。人：这里指祖先。

[4]者也：语气词，表判断。

[5]修：修葺。

[6]宗器：宗庙祭器。

[7]设其裳衣：摆放好衣冠服饰。

[8]荐其时食：荐献时新的食物。

[9]所以序昭穆也：是用以序列次序的。所以，是用来。昭穆，古代宗法制度，在宗庙或墓地中神主的排列次序，以始祖居中，以下父子（祖、父）递为昭穆，左为昭，右为穆。

[10]序爵：按顺序排列爵位。序，排序。

[11] 事：指办事的功劳。

[12] 旅酬：礼仪名，众人轮流敬酒。下为上：在下位的向在上位的敬酒。逮：一直到。即所有参加的人都这么做。贱：辈分最小的人，地位最低的人。

[13] 燕毛：祭祀完毕举行宴饮，根据头发来大体辨别年龄。

[14] 序齿：根据年龄大小来安排座次。

[15] 践其位：站在应在的位置上。

[16] 事：侍奉。

[17] 郊社之礼：在郊社举行的礼仪，用来祭祀天神。上帝：天神。

[18] 宗庙之礼：在宗庙举行的礼仪。

[19] 祀：祭祀。

[20] 禘（dì）尝：按周礼，夏祭曰禘，秋祭曰尝，古代常用以指天子诸侯岁时祭祖的大典。

[21] 示诸掌：展示这手掌（一样简单）。

第二十一章

自[1]诚[2]明[3]，谓之性[4]。自明诚，谓之教[5]。诚则[6]明矣，明则诚矣。

【注释】

[1] 自：从，由。

[2] 诚：真诚。

[3] 明：明白道理。

[4] 性：天生，天性。

[5] 教：后天的教育。

[6] 则：就，即。

第二十二章

唯天下至诚[1]，为能尽其性[2]；能尽其性，则能尽人之性；能尽人之性，则能尽物之性；能尽物之性，则可以赞天地之化育[3]；可以赞天地之化育，则可以与天地参[4]矣。

【注释】

[1] 至诚：最为真诚（的人）。

[2] 尽其性：发挥他的天性。下同。

[3] 赞：帮助。化育：化生，养育。

[4] 天地参：与天地并列为三。参，三。

【文学常识】

《中庸》，原是《礼记》的一篇，相传是战国时子思所作。宋代大儒朱熹把这篇从《礼记》中单独抽出，和《大学》《论语》《孟子》合称为“四书”。

子思（前483—前402），孔子之孙，孔鲤之子，名孔伋，字子思，春秋战国时期哲学家。子思是孔子的弟子曾参的弟子，是孟子的老师的老师。子思把儒家的道德观念“诚”说成是世界的本原。在“孔孟”思想传承中有重要地位。后人尊称子思为“述圣”。

【赏析】

《中庸》，顾名思义，主要阐述“中庸”思想。现在“中庸”一词有很多其他的含义，但是在最初的儒家语境中，“中庸”就是指不偏不倚，调和折中。宋儒程颐解释“中庸”：“不偏之谓中，不易之谓庸。”做事情保持着自己的原则，不阿谀取容，不行险侥幸，这才是中庸。正如《中庸》第十章说：“中立而不倚，强哉矫！”《中庸》又提出了“中和”的概念。“喜怒哀乐之未发，谓之中；发而皆中节，谓之和。”中和就是指中正平和，用理智约束自己的感情，不要让它们超出度。“中和”和“中庸”是一而二、二而一的相通概念。“中和”是“中庸”思想在感情上的表现。“中庸”和“中和”被看作儒家最高的道德标准。怎么达到“中庸”的境界呢？那就是“诚”。“诚”不是“诚实”的“诚”，而是“诚心诚意”的“诚”。“诚则明矣，明则诚矣。”保持诚心就能明白道理。当人保持他的“诚”直到“至诚”，那就达到了儒家的最高境界。

《孟子》两章

公孙丑章句上

孟子曰："人皆有不忍人之心[1]。先王[2]有不忍人之心，斯[3]有不忍人之政[4]矣。以不忍人之心，行不忍人之政，治天下可运[5]之掌上。所以谓[6]'人皆有不忍人之心'者，今人乍[7]见孺子[8]将入于井，皆有怵惕、恻隐[9]之心，非所以内交[10]于孺子之父母也，非所以要誉[11]于乡党[12]朋友也，非恶其声[13]而然也。由是[14]观之，无恻隐之心，非人也；无羞恶之心，非人也；无辞让之心，非人也；无是非之心，非人也。恻隐之心，仁之端[15]也；羞恶之心，义之端也；辞让之心，礼之端也；是非之心，智之端也。人之有是四端也，犹其有四体[16]也。有是四端而自谓不能者，自贼[17]者也。谓其君不能者，贼其君者也。凡有四端于我[18]者，知皆扩而充之矣，若火之始然[19]、泉之始达[20]。苟能充之，足以保[21]四海；苟不充之，不足以事父母。"

【注释】

[1] 不忍人之心：怜悯之心，同情之心。

[2] 先王：古代帝王。

[3] 斯：那么。

[4] 不忍人之政：对百姓怜悯体恤的政治。

[5] 运：运转。

[6] 所以谓：之所以说。

[7] 乍：忽然。

[8] 孺子：小孩子。

[9] 怵（chù）惕：惊惧。恻隐：同情。

[10] 内交："内"同"纳"。结纳，结交。

[11] 要（yāo）誉：即邀誉，"要"同"邀"，博取名誉。

[12] 乡党：乡里，乡亲。

[13] 恶其声：厌恶（听见）这孩子的哭声。

[14] 是：这。

[15] 端：发端，源头。

[16] 四体：四肢。

[17] 贼：戕害。

[18] 我：这里不是指孟子本人，是"自己"的意思。

[19] 然：通"燃"，燃烧。

[20] 达：到达。这里指刚开始流出。

[21] 保：保有，安定。

告子章句上

孟子曰："牛山[1]之木尝[2]美矣。以其郊[3]于大国也，斧斤[4]伐之，可以为[5]美乎？是其日夜之所息[6]，雨露之所润，非无萌蘖[7]之生焉；牛羊又从[8]而牧之，是以若彼濯濯[9]也。人见其濯濯也，以为

未尝有材[10]焉，此岂山之性[11]也哉？虽存乎人者，岂无仁义之心哉？其所以放[12]其良心[13]者，亦犹斧斤之于木也，旦旦[14]而伐之，可以为美乎？其日夜之所息，平旦[15]之气，其好恶与人相近也者几希[16]，则其旦昼[17]之所为，有梏亡之矣[18]。梏之反复，则其夜气[19]不足以存。夜气不足以存，则其违[20]禽兽不远矣。人见其禽兽也，而以为未尝有才焉者，是岂人之情也哉？故苟得其养[21]，无物不长；苟失其养，无物不消。孔子曰‘操[22]则存，舍[23]则亡；出入无时，莫知其乡[24]。’惟心之谓与！”

【注释】

[1] 牛山：山名，在齐国首都临淄南（今山东临淄之南）。

[2] 尝：曾经。

[3] 郊：这里作动词用，邻近大都邑。

[4] 斧斤：泛指斧头。斤，似斧而小。

[5] 为：判断词，无意义。

[6] 息：繁衍滋生。

[7] 萌蘖（niè）：植物发芽。萌，生芽，发芽。蘖，树木砍去后又长出来的新芽。

[8] 从：接着，继续。

[9] 濯（zhuó）濯：光秃秃的样子。

[10] 材：木材，指草木。

[11] 山之性：牛山的本性、本来的样子。

[12] 放：丧失。

[13] 良心：善良的本性。

[14] 旦旦：天天。

[15] 平旦：清晨，早上。

[16] 几希：不多，一丁点儿。几：岳麓书社 1988 年版《四书集注》为“幾”，这里使用简体。

[17] 旦昼：第二天的白天。

[18] 有梏（gù）亡之矣：（本来有的良心）又被禁锢消灭了。梏，古代铐手的刑具。后来用“梏亡”专指因受利欲搅扰而丧失本性。

[19] 夜气：孟子认为晚上静思所产生的良知善念。

[20] 违：不同于。

[21] 得其养：得到适当的滋养。

[22] 操：拿，指把握住。

[23] 舍：舍弃。

[24] 其乡：它的所在。

【文学常识】

《孟子》，儒家经典之一，由孟子及其弟子万章等著，一说是孟子弟子、再传弟子的记录。书中记录战国时期思想家孟子及其弟子的政治、教育、哲学、伦理等思想观点和政治活动，为研究孟子及思孟学派的主要材料。原书十一篇，今存七篇，属于语录散文体。

孟子（约前 372—前 289），名轲，字子舆，鲁国邹（今山东邹城东南）人。他是孔子思想的继承者，儒家学说的重要代表人物，是战国时期杰出的思想家、政治家、教育家。他从孔子的思想中主要继承了“仁”

的思想，并将其发展为“仁政”思想。被后人尊称为“亚圣”。

【赏析】

孟子在思想上继承了孔子的思想，并对其有所发展。他的政治主张主要是实行仁政、以民为本。为了寻找其政治主张的哲学基础，孟子提出了“性善论”。这里节选的两篇短文都是孟子关于“性善论”的论证解释。孟子认为人性本来是善的，“人性之善也，犹水之就下也”。这种本性孟子称之为“良心”“本心”。人们都有的恻隐之心、羞恶之心、辞让之心、是非之心就是仁、义、礼、智的根源。也就是说人的仁、义、礼、智都是人本性的外化。世界上之所以会有坏人、坏事是因为这些人不能保有他们本来的良心本心，这就像本来繁盛的牛山经过不断的砍伐变得光秃秃一样。正是因为人们都有仁心，所以才能实行仁政。这种因果关系是逻辑推理的必然，所以孟子说：“先王有不忍人之心，斯有不忍人之政矣。”这种“性善论”的思想两千多年来不断地影响着中国人，正如今天我们每个人都知道《三字经》的第一句，那就是“人之初，性本善”。

朱子治家格言

朱柏庐

黎明即起，洒扫庭除[1]，要内外整洁；

既昏[2]便息，关锁门户，必亲自检点。

一粥一饭，当思来处不易[3]；

半丝半缕，恒念物力维艰[4]。

宜未雨而绸缪[5]，毋临渴[6]而掘井。

自奉[7]必须俭约，宴客切勿流连[8]。

器具质而洁，瓦缶[9]胜金玉；

饮食约而精，园蔬愈珍羞[10]。

勿营华屋，勿谋良田。

三姑六婆，实淫盗之媒[11]；

婢美妾娇，非闺房[12]之福。

童仆勿用俊美，妻妾切忌艳妆。

祖宗虽远，祭祀不可不诚；

子孙虽愚，经书不可不读。

居身务期[13]质朴，教子要有义方[14]。

勿贪意外之财，勿饮过量之酒。

与肩挑贸易[15]，毋占便宜；

见贫苦亲邻，须多温恤。

刻薄成家，理无[16]久享；

伦常乖舛[17]，立见消亡。

兄弟叔侄，须分多润寡[18]；

长幼内外，宜法肃辞严[19]。

听妇言，乖[20]骨肉，岂是丈夫；

重资财，薄父母，不成人子。

嫁女择佳婿，无索重聘[21]；

娶媳求淑女，勿计厚奁[22]。

见富贵而生谄容[23]者，最可耻；

遇贫穷而作骄态者，贱莫甚。

居家戒争讼[24]，讼则终凶；

处世戒多言，言多必失。

毋恃势力而逼凌孤寡；

毋贪口腹[25]而恣杀[26]牲禽。

乖僻自是[27]，悔误必多；

颓惰自甘，家道难成。

狎昵[28]恶少，久必受其累；

屈志[29]老成，急则可相依。

轻听发言，安知非人之谮诉[30]？当忍耐三思；

因事相争，焉知非己之不是？须平心暗想。

施惠无念，受恩莫忘。

凡事当留余地，得意不宜再往。

人有喜庆，不可生妒嫉心；

人有祸患，不可生喜幸心。

善欲人见，不是真善；

恶恐人知，便是大恶。

见色而起淫心，报在妻女；

匿怨[31]而用暗箭，祸延子孙。

家门和顺，虽饔飧[32]不继，亦有余欢；

国课[33]早完，即囊橐[34]无余，自得至乐。

读书志在圣贤，[35]

为官心存君国[36]，

守分安命，顺时听天。

为人若此，庶乎[37]近焉。

【注释】

[1] 洒扫：洒水扫地。庭除：庭院。

[2] 既昏：天刚黑。

[3] 不易：不容易，艰难。

[4] 物力：物资、能力。维：无意义，表判断。

[5] 未雨而绸缪（chóu móu）：趁着天没下雨，先修缮房屋门窗，比喻事先做好准备。

[6] 临渴：到了口渴的时候。

[7] 自奉：自己享受的物质条件。

[8] 流连：舍不得离开。这里指爱惜财物。

[9] 缶（fǒu）：古代一种大肚子小口儿的瓦器。

[10] 珍羞：制作精良的食物。羞，通“馐”。

[11] 媒：媒介。

[12] 闺房：女子的卧室。这里指家中的女眷。

[13] 期：期望要求。

[14] 义方：行事应该遵守的规范和道理。

[15] 肩挑贸易：指挑着担子走街串巷做小生意的人。

[16] 理无：照理来说是没有的。

[17] 乖舛（chuǎn）：错误。乖、舛都是不正确、违背的意思。

[18] 分多润寡：指富裕的要接济贫困的，互相帮助。

[19] 法肃辞严：法度严明，言辞庄重。

[20] 乖：违背。指兄弟不和睦。

[21] 聘：聘礼。

[22] 奁（lián）：嫁妆。

[23] 谄（chǎn）容：谄媚的表情。

[24] 讼：争斗。

[25] 口腹：指吃。

[26] 恣杀：妄杀。

[27] 乖僻：性格乖张、偏执。自是：自以为是。

[28] 狎昵（xiá nì）：过分亲近而态度轻佻。

[29] 屈志：委屈自己跟随。

[30] 谮（zèn）诉：诬陷别人，说人坏话。

[31] 匿怨：指对人怀恨在心而不表现出来。

[32] 饔飧（yōng sūn）：指吃饭。饔，早饭。飧，晚饭。

[33] 国课：指国家的赋税。

[34] 囊橐（náng tuó）：大袋子为囊，小袋子为橐。这里指家中财物。

[35] 读书志在圣贤：读书是为了学习圣贤。

[36] 君国：君主和国家。

[37] 庶乎：差不多，大概算是。

【文学常识】

朱子，指朱柏庐，子是古代对男子的尊称。朱柏庐，原名朱用纯，字致一，自号柏庐，江苏昆山人，明末清初的理学家。一生潜心研究程朱理学，主张知性并进。为人刚正有气节，明亡后便不再出仕。著有《四书讲义》《劝言》等。

《朱子治家格言》，又名《朱子家训》《朱柏庐治家格言》，其语言通俗易晓，其事亲近易行。内容是从道德观念上劝人勤俭治家，安分守己。

【赏析】

朱柏庐是明末的遗老，又是当时著名的理学家，一生以“忠孝节义”自励，留下了很多有价值的学术著作。然而他最为人所知的还是这短短五百多字、言辞浅显的《朱子治家格言》。《朱子治家格言》主要讲的是家庭道德，以“修身”“齐家”为两大目标，并以儒家为人处世方法为根底，所以它的特点之一便是思想深厚。《朱子治家格言》的另外一个特点是通俗简单。全书没有生僻字或者高深的典故，都用当时的白话写出，又多用四六句和对偶，因此朗朗上口，易于背诵。所以《朱子治家格言》成书

之后，立刻风行全国，在清代尤为脍炙人口。其中的很多语句至今仍然家喻户晓，比如“一粥一饭，当思来处不易；半丝半缕，恒念物力维艰”“宜未雨而绸缪，毋临渴而掘井”“凡事当留余地，得意不宜再往”等。

弟子规

一、总叙

弟子规，圣人训。

首孝悌[1]，次[2]谨信。

泛爱众[3]，而亲仁。

有余力，则学文。

【注释】

[1] 首：首先。悌：敬爱兄长。

[2] 次：其次。

[3] 泛爱众：广施爱心。

二、入则孝　出则悌

父母呼，应[1]勿缓；

父母命，行勿懒。

父母教，须敬听；

父母责，须顺承[2]。

冬则温，夏则凊[3]，

晨则省，昏则定[4]。

出必告，反必面[5]，

居有常，业无变[6]。

事[7]虽小，勿擅为，

苟擅为，子道亏。

物虽小，勿私藏，

苟私藏，亲心伤。

亲所好[8]，力为具[9]；

亲所恶，谨为去。

身有伤，贻[10]亲忧；

德有伤，贻亲羞。

亲爱我，孝何难？

亲憎我，孝方贤。

亲有过，谏使更[11]，

怡[12]吾色，柔吾声。

谏不入，悦[13]复谏，

号泣随，挞[14]无怨。

亲有疾，药先尝，

昼夜侍，不离床。

丧三年[15]，常悲咽，

居处变[16]，酒肉绝。

丧尽礼，祭尽诚，

事[17]死者，如事生。

兄道友，弟道恭[18]，

兄弟睦，孝在中。

财物轻，怨何生[19]？

言语忍，忿自泯[20]。

或饮食，或坐走，

长者先，幼者后，

长呼人，即代叫[21]，

人不在，己即到。

称尊长，勿呼名，

对尊长，勿见能[22]。

路遇长，疾趋[23]揖，

长无言，退恭立。

骑下马，乘下车[24]，

过犹待，百步余。

长者立，幼勿坐，

长者坐，命乃坐。

尊长前，声要低，

低不闻，却非宜。

进必趋，退必迟[25]，

问起对，视勿移。

事诸父[26]，如事父；

事诸兄[27]，如事兄。

【注释】

[1] 应：应答。

[2] 顺承：顺从承受。

[3] 冬则温，夏则清（qìng，一读 jìng）：冬给父母温被，夏给父母扇扇子。指侍奉父母无微不至。注意是“清”不是“清”。

[4] 晨则省（xǐng），昏则定：指朝夕服侍慰问双亲。省、定，都是慰问父母的意思。

[5] 反必面：回家的时候一定要面见父母以告知。反，通“返”。

[6] 业无变：不要随意变动职业（让父母担心）。

[7] 事：这里指违背子道的事情。

[8] 好（hào）：喜欢。

[9] 力为具：尽量使其具备。

[10] 贻（yí）：遗留。

[11] 更（gēng）：更改。

[12] 怡：和悦。

[13] 悦：高兴。指父母高兴的时候。

[14] 挞（tà）：鞭挞。

[15] 丧（sāng）三年：古时礼法规定，父亲或者母亲去世后，需要守丧三年。

[16] 居处变：古时礼法规定，父母死后，需要搬离现在居住的地方，去父母坟前守孝。

[17] 事：侍奉。

[18] 兄道友，弟道恭：哥哥友爱弟弟，弟弟尊敬兄长。指兄弟和睦。

[19] 怨何生：怨恨又从哪里产生呢。指如果看轻财物，那么兄弟之间就没有怨恨了。

[20] 忿：生气。泯：消失。

[21] 代叫：帮长辈代为传呼。

[22] 见 (xiàn) 能：逞能，炫耀。见，同“现”。

[23] 趋：小步快走。

[24] 骑下马，乘下车：正骑马则应下马，正乘车则应下车。

[25] 退必迟：指向长辈告退时要放慢步子，缓缓而出。

[26] 诸父：叔父伯父。

[27] 诸兄：同族兄长，堂兄。

三、谨而信

朝起早，夜眠迟，

老易至，惜此时。

晨必盥[1]，兼漱口，

便溺[2]回，辄[3]净手。

冠必正，纽必结[4]，

袜与履[5]，俱紧切。

置冠服，有定位，

勿乱顿[6]，致污秽。

衣贵洁，不贵华[7]，

上循分，下称家[8]。

对饮食，勿拣择，

食适可，勿过则[9]。

年方少，勿饮酒，

饮酒醉，最为丑。

步从容，立端正，

揖深圆[10]，拜恭敬。

勿践阈[11]，勿跛倚[12]，

勿箕踞[13]，勿摇髀[14]。

缓揭帘[15]，勿有声，

宽转弯，勿触棱[16]。

执虚器，如执盈[17]。

入虚室，如有人。

事勿忙，忙多错，

勿畏难，勿轻略[18]。

斗闹场，绝勿近；

邪僻事，绝勿问。

将入门，问孰存[19]；

将上堂，声必扬。

人问谁，对以名，

吾与我，不分明[20]。

用人物[21]，须明求，

倘不问，即为偷。

借人物，及时还，

人借物，有勿悭[22]。

凡出言，信为先，

诈与妄，奚[23]可焉！

话说多，不如少，

惟其是[24]，勿佞巧[25]。

刻薄语，秽污词，

市井气，切戒之。

见未真，勿轻言；

知未的[26]，勿轻传。

事非宜，勿轻诺，

苟[27]轻诺，进退错。

凡道字[28]，重且舒，

勿急疾，勿模糊。

彼说长，此说短，

不关己，莫闲管。

见人善，即思齐[29]，

纵去[30]远，以渐跻[31]。

见人恶，即内省[32]，

有则改，无加警。

惟德学，惟才艺，

不如人，当自励[33]。

若衣服，若饮食，

不如人，勿生戚[34]。

闻过怒，闻誉乐[35]，

损友来，益友却。

闻誉恐，闻过欣，

直谅[36]士，渐相亲。

无心非，名为错；

有心非，名为恶。

过能改，归于无，

倘掩饰，增一辜[37]。

【注释】

[1] 盥（guàn）：洗。

[2] 便溺：大小便。便，大便。溺，小便。

[3] 辄：立刻。

[4] 纽：扣子。结：挽住扣子。

[5] 履（lǚ）：鞋子。

[6] 顿：安置。

[7] 华：华丽。

[8] 上循分，下称家：首先要符合自己的身份，其次要适合自己的家庭环境。

[9] 过则：超过一定的准则。

[10] 揖深圆：作揖时要把身子深深地弓下去。

[11] 践阈（yù）：踩着门槛。阈，国门，这里指门槛。

[12] 跛倚：（站立时）斜身或者靠在别的东西上。

[13] 箕踞（jī jù）：一种姿势，指两腿伸直张开，形似簸箕，坐在地上。这是一种不礼貌的姿势。

[14] 摇髀（bì）：晃腿。髀，大腿，大腿骨。

[15] 帘：指门帘。

[16] 宽转弯，勿触棱：指走路的时候要避开桌子或墙角等地方，避免不小心碰撞自己。

[17] 虚器：中空的容器。盈：满。

[18] 轻略：轻忽粗略。

[19] 问孰存：问谁在家。为了防止犯忌讳。

[20] 吾与我，不分明：指别人问名字的时候，不要说“吾”或者“我”，这样的话对方还是不清楚。吾，我。

[21] 人物：人力或者物品。

[22] 悭（qiān）：吝啬。

[23] 奚：疑问词，“怎么”。

[24] 惟其是：实事求是。

[25] 佞（nìng）巧：花言巧语骗人。

[26] 的：确实。

[27] 苟：一旦。

[28] 道字：说话吐字。

[29] 思齐：向贤人看齐、学习。

[30] 去：距离。

[31] 跻（jī）：登，上升。

[32] 内省（xǐng）：内心自我反省。

[33] 自励：自我磨炼。

[34] 戚：悲伤。

[35] 闻誉乐：听到别人的赞扬就高兴。

[36] 直谅：正直诚信。

[37] 辜：错，罪。

四、泛爱众而亲仁

凡是人，皆须爱，

天同覆，地同载。

行高者[1]，名自高，

人所重，非貌高。

才大者，望[2]自大，

人所服，非言大。

已有能，勿自私[3]；

人所能，勿轻訾[4]。

勿谄富，勿骄贫，

勿厌故，勿喜新。

人不闲，勿事搅；

人不安，勿话扰。

人有短，切莫揭，

人有私，切莫说。

道人善，即是善，

人知之，愈思勉。

扬人恶，即是恶，

疾[5]之甚，祸且作。

善相劝，德皆建，

过不规[6]，道两亏。

凡取与，贵分晓[7]，

与宜多，取宜少。

将加人，先问己，

己不欲，即速已[8]。

恩欲报，怨欲忘，

报怨短，报恩长。

待婢仆，身贵端[9]，

虽贵端，慈而宽。

势服人，心不然，

理服人，方无言。

同是人，类不齐[10]，

流俗[11]众，仁者希[12]。

果[13]仁者，人多畏，

言不讳，色不媚。

能亲仁，无限好，

德日[14]进，过日少，

不亲仁，无限害，

小人进，百事坏。

【注释】

[1] 行高者：品德高尚的人。

[2] 望：名望。

[3] 自私：这里指自私自利，不肯共享给大家。

[4] 訾（zǐ）：诋毁。

[5] 疾：痛恨。

[6] 规：规劝。

[7] 分晓：分明，清清楚楚的。

[8] 已：结束。

[9] 端：端正。

[10] 齐：同。

[11] 流俗：平庸粗俗。

[12] 希：通“稀”，稀少。

[13] 果：果真是。

[14] 日：每天渐渐地。

五、行有余力则以学文

不力行，但学文[1]，

长浮华[2]，成何人！

但力行，不学文，

任己见，昧理真[3]。

读书法，有三到，

心眼口，信皆要[4]。

方读此，勿慕彼，

此未终，彼勿起。

宽为限[5]，紧用功，

工夫到，滞塞[6]通。

心有疑，随札[7]记，

就[8]人问，求确义。

房室清，墙壁净，

几案洁，笔砚正。

墨磨偏，心不端[9]，

字不敬，心先病。

列典籍，有定处[10]，

读看毕，还原处。

虽有急，卷束齐[11]，

有缺损，就补之。

非圣书，屏[12]勿视，

蔽[13]聪明，坏心志。

勿自暴，勿自弃，

圣与贤，可驯致[14]。

【注释】

[1] 不力行，但学文：指只学习道理，却不能身体力行。

[2] 浮华：表面的美丽。

[3] 任己见，昧理真：执着于自己的见解，不明白真正的道理。

[4] 信皆要：的确都非常重要。

[5] 宽为限：读书的期限不妨放宽一些。因为时间太紧的话会囫囵吞枣，一知半解。

[6] 滞塞（sè）：不通。指读书不懂的地方。

[7] 札（zhá）：本来指写字的木板。这里指要随手记下来。

[8] 就：接近。

[9] 墨磨偏，心不端：如果磨墨的时候磨偏了，说明心还没有端正。

[10] 定处：固定的存放位置。

[11] 卷束齐：一套书要保证每卷每束都齐备。

[12] 屏（bǐng）：摒弃。

[13] 蔽：遮蔽，掩盖。

[14] 驯致：逐渐达到。

【文学常识】

《弟子规》，原名《训蒙文》，在清代教育史上有一定影响，成为广为流传的蒙学读物。原系清康熙时绛州（今山西新绛）秀才李毓秀编撰的《训蒙文》，后经乾隆年间贾存仁修订整理，改称《弟子规》，从而广为流传。全书通篇采用三字句，各部分的标题出自《论语》：“子曰：‘弟子入则孝，出则悌，谨而信，泛爱众，而亲仁。行有余力，则以学文。’”全书主要体现儒家传统的修身养性方法，列述了弟子在各个方面应该恪守的守则规范。

【赏析】

清代康熙年间的思想界尊儒风潮高涨。从康熙皇帝开始，自上而下都极为推崇孔子、孟子等儒家人物。可是孔子、孟子这些圣人也太遥远了，怎么样才能成为合乎儒家规范的人呢？贾存仁因此修订整理李毓秀编撰的《训蒙文》为《弟子规》。《弟子规》是蒙学读物，因此文字浅近，对一件事的阐述往往不厌其烦多次叙述。文字简单，押韵，朗朗上口，非常适合初学的孩子。今天看来《弟子规》仍有许多可以借鉴的地方，但需要注意的是，《弟子规》毕竟成书于几百年前的封建社会，其思想有其局限性，有的地方不能过于迷信。比如“亲有过……挞无怨”主张对双亲的愚孝。比如“称尊长，勿呼名”已经是过时的思想，因为现代人已经没有字、名、号的区别。但是总体来说，《弟子规》是古代圣贤智慧的结晶，可以对孩子进行礼仪道德的熏陶教育，是我们应该学习的。

孔雀东南飞（并序）[1]

汉末建安中，庐江府小吏焦仲卿妻刘氏，为仲卿母所遣，自誓不嫁。其家逼之，乃投水而死。仲卿闻之，亦自缢于庭树。时人伤之，为诗云尔。

孔雀东南飞，五里一徘徊。

“十三能织素[2]，十四学裁衣。十五弹箜篌[3]，十六诵诗书[4]。十七为君妇，心中常苦悲。君既为府吏，守节[5]情不移，贱妾[6]留空房，相见常日稀。鸡鸣入机织，夜夜不得息。三日断[7]五匹，大人[8]故嫌迟。非为织作迟，君家妇难为！妾不堪[9]驱使，徒留无所施。便可白[10]公姥，及时相遣归。”

府吏得闻之，堂上启[11]阿母：“儿已薄禄相[12]，幸复得此妇。结发[13]同枕席，黄泉共为友。共事二三年，始尔[14]未为久。女行无偏斜，何意致不厚？”

阿母谓府吏：“何乃太区区[15]！此妇无礼节，举动自专由。吾意久怀忿[16]，汝岂得自由！东家有贤女，自名秦罗敷。可怜[17]体无比，阿母为汝求。便可速遣之，遣去慎莫[18]留！”

府吏长跪告：“伏惟[19]启阿母。今若遣此妇，终老不复取[20]！”

阿母得闻之，槌[21]床便大怒：“小子无所畏，何敢助妇语！吾已失恩义，会不相从许[22]！”

府吏默无声，再拜[23]还入户。举言谓新妇，哽咽[24]不能语：“我自不驱卿[25]，逼迫有阿母。卿但暂还家，吾今且报府[26]。不久当归还，还必相迎取。以此下心意[27]，慎勿违吾语。”

新妇谓府吏：“勿复重纷纭[28]。往昔初阳岁[29]，谢[30]家来贵门。奉事循公姥，进止敢自专？昼夜勤作息，伶俜[31]萦[32]苦辛。谓言[33]无罪过，供养卒大恩[34]；仍更被驱遣，何言复来还！妾有绣腰襦[35]，葳蕤[36]自生光；红罗复斗帐[37]，四角垂香囊；箱帘[38]六七十，绿碧青丝绳，物物各自异，种种在其中。人贱物亦鄙，不足迎后人[39]，留待作遗施[40]，于今无会因。时时为安慰，久久莫相忘！”

鸡鸣外欲曙，新妇起严妆[41]。著我绣夹裙，事事四五通[42]。足下蹑[43]丝履，头上玳瑁[44]光。腰若流纨素[45]，耳著明月珰[46]。指如削葱根，口如含朱丹。纤纤作细步，精妙世无双。

上堂拜阿母，阿母怒不止。“昔作女儿时，生小出野里[47]。本自无教训[48]，兼愧贵家子。受母钱帛[49]多，不堪母驱使。今日还家去，念母劳家里。”却[50]与小姑别，泪落连珠子。“新妇初来时，小姑始扶床[51]；今日被驱遣，小姑如我长。勤心养公姥，好自相扶将。初七及下九[52]，嬉戏莫相忘。”出门登车去，涕落百余行。

府吏马在前，新妇车在后。隐隐何甸甸[53]，俱会大道口。下马入车中，低头共耳语：“誓不相隔卿，且暂还家去；吾今且赴府，不久当还归。誓天不相负[54]！”

新妇谓府吏：“感君区区[55]怀！君既若见录[56]，不久望君来。君当作磐石[57]，妾当作蒲苇，蒲苇纫[58]如丝，磐石无转移。我有亲父兄，性行暴如雷，恐不任我意，逆以煎我怀[59]。”举手长劳劳，二情同依依。

入门上家堂，进退无颜仪[60]。阿母大拊掌[61]，不图[62]子自归：“十三

教汝织，十四能裁衣，十五弹箜篌，十六知礼仪，十七遣汝嫁，谓言无誓[63]违。汝今何罪过，不迎而自归？”兰芝惭阿母：“儿实无罪过。”阿母大悲摧[64]。

还家十余日，县令遣媒来。云有第三郎，窈窕[65]世无双，年始十八九，便言[66]多令才。

阿母谓阿女：“汝可去应之。”

阿女含泪答：“兰芝初还时，府吏见丁宁[67]，结誓不别离。今日违情义，恐此事非奇[68]。自可断来信，徐徐更谓之[69]。”

阿母白媒人：“贫贱有此女，始适[70]还家门。不堪吏人妇，岂合令郎君？幸可广问讯[71]，不得便相许。”媒人去数日，寻遣丞请还，说有兰家女，承籍有宦官。云有第五郎，娇逸[72]未有婚。遣丞[73]为媒人，主簿[74]通语言。直说太守家，有此令郎君，既欲结大义[75]，故遣来贵门。

阿母谢媒人：“女子先有誓，老姥岂敢言！”

阿兄得闻之，怅然心中烦。举言谓阿妹：“作计何不量[76]！先嫁得府吏，后嫁得郎君。否泰[77]如天地，足以荣汝身。不嫁义郎体，其往欲何云[78]？”

兰芝仰头答：“理实如兄言。谢家事夫婿，中道还兄门[79]。处分适兄意，那得自任专！虽与府吏要[80]，渠[81]会永无缘。登[82]即相许和，便可作婚姻。”

媒人下床去。诺诺复尔尔[83]。还部白府君：“下官[84]奉使命，言谈大有缘。”府君得闻之，心中大欢喜。视历复开书[85]，便利此月内，六合正相应。良吉[86]三十日，今已二十七，卿可去成婚。交语“速装束”[87]，络绎[88]如浮云。青雀白鹄舫，四角龙子幡[89]。婀娜[90]随风转，金车玉作轮，踯躅[91]青骢马[92]，流苏[93]金镂鞍。赍[94]钱三百万，皆用青丝穿。杂彩三百匹，交广市鲑珍[95]。从人四五百，郁郁[96]登郡门。

阿母谓阿女：“适得府君书，明日来迎汝。何不作衣裳？莫令事不举[97]！”

阿女默无声，手巾掩口啼，泪落便如泻。移我琉璃榻[98]，出置前窗下。左手持刀尺，右手执绫罗。朝成绣夹裙，晚成单罗衫。晻晻日欲暝[99]，愁思出门啼。

府吏闻此变，因求假暂归。未至二三里，摧藏[100]马悲哀。新妇识马声，蹑履相逢迎[101]。怅然遥相望，知是故人来。举手拍马鞍，嗟叹使心伤：“自君别我后，人事不可量[102]。果不如先愿，又非君所详[103]。我有亲父母，逼迫兼弟兄[104]，以我应他人，君还何所望！”

府吏谓新妇：“贺卿得高迁！磐石方且厚，可以卒[105]千年；蒲苇一时纫，便作旦夕间[106]。卿当日胜贵[107]，吾独向黄泉！”

新妇谓府吏：“何意出此言！同是被逼迫，君尔妾亦然[108]。黄泉下相见，勿违今日言！”执手分道去，各各还家门。生人作死别，恨恨[109]那可论？念与世间辞，千万不复全！

府吏还家去，上堂拜阿母：“今日大风寒，寒风摧树木，严霜结庭兰[110]。儿今日冥冥[111]，令母在后单[112]。故作不良计[113]，勿复怨鬼神！命如南山石，四体康且直！”

阿母得闻之，零泪应声落：“汝是大家子，仕宦于台阁[114]，慎勿为妇死，贵贱情何薄[115]！东家有贤女，窈窕艳城郭[116]，阿母为汝求，便复在旦夕。”

府吏再拜还，长叹空房中，作计乃尔立[117]。转头向户里，渐见愁

煎迫。

其日牛马嘶[118]，新妇入青庐[119]。奄奄黄昏后[120]，寂寂人定[121]初。“我命绝今日，魂去尸长留！”揽裙脱丝履，举身赴清池。

府吏闻此事，心知长别离。徘徊庭树下，自挂东南枝。

两家求合葬，合葬华山[122]傍。东西植松柏，左右种梧桐。枝枝相覆盖，叶叶相交通[123]。中有双飞鸟，自名为鸳鸯。仰头相向鸣，夜夜达五更。行人驻足[124]听，寡妇起彷徨。多谢后世人，戒之慎勿忘。[125]

【注释】

[1] 选自南朝陈徐陵编《玉台新咏》（中华书局 1985 年版）卷一，原题为《古诗为焦仲卿妻作》。这里沿用后人常用的题目。这是我国最长的叙事诗，作者不详。讲述刘兰芝和其丈夫焦仲卿的爱情悲剧。

[2] 素：白绢。以下这一段话是妻子刘兰芝对丈夫焦仲卿说的话。

[3] 箜篌（kōng hóu）：古代一种弦乐器。

[4] 诗书：指《诗经》和《尚书》。

[5] 节：指官府中的制度。

[6] 贱妾：古代女性的谦称。

[7] 断：（织成一匹）裁下来。

[8] 大人：尊称。指刘兰芝的婆婆。

[9] 不堪：不能承受。

[10] 白：告诉。

[11] 启：告诉，禀告。

[12] 薄禄相：没有做高官、拿厚禄的面相。古人认为面相能够决

定人的命运。

[13] 结发：指成婚之夕，男左女右共髻束发。

[14] 尔：语气助词，无意义。

[15] 区区：愚拙。

[16] 怀忿（fèn）：憋了一肚子的气。

[17] 可怜：可爱。

[18] 慎莫：一定不要。

[19] 伏惟：下级对上级或晚辈对长辈说话表示恭敬的习惯用语。

[20] 取：通“娶”，把女子接过来成亲。

[21] 槌（chuí）：拍，击打。

[22] 会不相从许：绝对不会答应（你）。会，一定。

[23] 再拜：拜了两拜。

[24] 哽咽：因为过度悲伤而气塞不能说话。

[25] 卿：你。这里是丈夫对妻子的爱称。

[26] 报府：赴府，到庐江太守府去办事。

[27] 下心意：有耐心受委屈的意思。下，这里是使动用法。

[28] 勿复重纷纭：不要再添麻烦了吧，也就是说不必再提接回来的事了吧。

[29] 初阳岁：指冬至以后，立春以前。

[30] 谢：辞别。

[31] 伶俜（líng pīng）：孤单的样子。

[32] 萦：缠绕。

[33] 谓言：以为。

[34]供养卒大恩：终生侍奉公婆。卒，终。

[35]襦（rú）：齐腰短袄。

[36]葳蕤（wēi ruí）：繁盛的样子。这里形容刺绣的花叶繁多而美丽。

[37]红罗：红色纱罗。斗帐：帐子像倒置的斗，故名。

[38]帘：通“奁”，女子梳妆用的镜匣。

[39]后人：指将来焦仲卿再娶的妻子。

[40]遗（wèi）施：赠送。

[41]严妆：盛妆。

[42]通：遍，次。

[43]蹑：穿（鞋）。

[44]玳瑁（dài mào）：一种同龟相似的爬行动物，甲壳黄黑色，有黑斑，有光泽，可以作饰品用。

[45]流纨素：指身上穿的丝绸流动着光芒。

[46]珰（dāng）：耳坠。

[47]野里：乡间。

[48]教训：教导。

[49]钱帛：金钱和丝织品，指聘礼。

[50]却：退却。

[51]扶床：指仅仅能够扶床行走。

[52]初七及下九：指七月七日和每月的十九日。七月七日是七夕节，是妇女乞巧的日子。在汉代，每月的十九日是妇女欢聚的日子。

[53]隐隐何甸甸：隐隐、甸甸都是车声。何，何等。

[54]誓天不相负：对天发誓，决不负你。这是焦仲卿对刘兰芝说的话。

[55] 区区：情意真挚的意思。

[56] 君既若见录：您既然如此记得我。录，记。

[57] 磐石：厚而大的石头。

[58] 纫：通“韧”，柔软而结实。

[59] 逆以煎我怀：想到将来，我的心像受着煎熬一样。逆，预料，想到将来。

[60] 颜仪：脸面和礼节。

[61] 拊（fǔ）掌：拍手，表示诧异。

[62] 图：料想到。

[63] 誓：通“愆”（qiān），过错。

[64] 悲摧：悲痛。

[65] 窈窕（yǎo tiǎo）：美好。

[66] 便（piàn）言：善于言辞。便，言辞敏捷。

[67] 丁宁：叮咛。

[68] 奇：当作“宜”，合适。

[69] 自可断来信，徐徐更谓之：可以回绝来做媒的人，以后慢慢再说吧。信，使者，指媒人。

[70] 适：这里指出嫁。

[71] 广问讯：多打听打听（别人家）。

[72] 娇逸：娇美文雅。

[73] 丞：郡丞，太守的副手。

[74] 主簿：郡守的属官。

[75] 大义：谓夫妻之义，指婚姻。

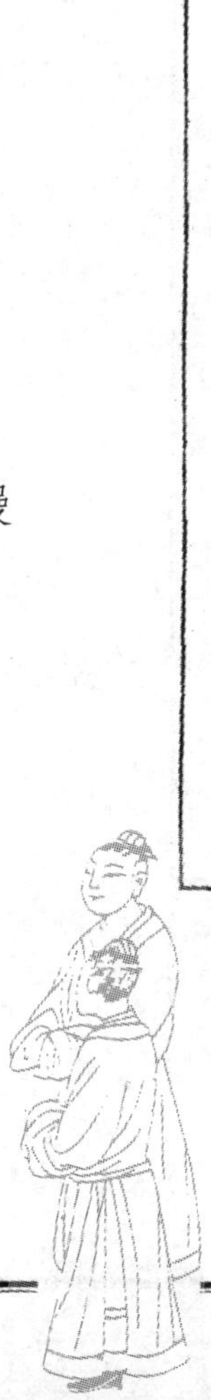

[76] 作计何不量：你这样为自己做打算，是多么缺乏考虑啊！

[77] 否（pǐ）泰：坏和好。

[78] 不嫁义郎体，其往欲何云：这样仁义的郎君都不嫁，往后你打算怎么样呢？何云，犹“何如”。

[79] 中道还兄门：半中间又回到哥哥家里。

[80] 要（yāo）：约定。

[81] 渠：他。指焦仲卿。

[82] 登：立刻。

[83] 诺诺复尔尔：连声说“好，好，是，是”。尔尔和诺诺都是答应的话。

[84] 下官：这里是郡丞的自称。

[85] 视历复开书：视历、开书都是指查看历书，查找吉利的日子。

[86] 良吉：良辰吉日。

[87] 交语“速装束”：大家纷纷传告“赶紧收拾、准备吧”。

[88] 络绎：指络绎不绝。

[89] 青雀白鹄（hú）舫，四角龙子幡：画着青雀、白鹄的船，四角挂着龙子幡来装饰。

[90] 婀娜（ē nuó）：轻轻飘动的样子。

[91] 踯躅（zhí zhú）：徘徊的样子，这里是指缓慢地走。

[92] 青骢（cōng）马：毛色青白相间的马。

[93] 流苏：用五彩丝线做的下垂的缨子。

[94] 赍（jī）：赠送。

[95] 交广市鲑（xié）珍：来自交州、广州（现在广东、广西一带）

的山珍海味。鲑，这里是鱼类菜肴的总称。

[96] 郁郁：繁盛的样子。

[97] 举：成功。

[98] 琉璃榻：镶嵌着琉璃的榻。琉璃，原指一种天然宝石，有多种颜色。后亦指用黏土、长石、石青等配制烧成的一种半透明材料。榻，坐具。

[99] 晻晻（yǎn）日欲暝：天色昏昏暗暗，将要日暮。晻，昏暗。

[100] 摧藏（zàng）：摧折心肝，伤心。藏，脏腑。

[101] 逢迎：迎接。

[102] 不可量：不可预料。

[103] 详：详细地知道。

[104] 父母：这里指母。弟兄：这里指兄。

[105] 卒：尽。

[106] 便作旦夕间：只能保持很短的一段时间。旦夕，很短的时间。

[107] 日胜贵：一天比一天富贵起来。

[108] 君尔妾亦然：你这样，我也是这样。

[109] 恨恨：愤恨到极点。

[110] 严霜结庭兰：院子的兰花上结满了寒霜。

[111] 日冥冥：原意指日暮，这里指死亡。

[112] 令母在后单：让母亲在以后很孤单。

[113] 不良计：不好的打算，指自杀。

[114] 台阁：原指尚书省，这里指府衙。

[115] 贵贱情何薄：（你和他）贵贱不同，（离弃了他）哪里就算

薄情呢？何薄，何薄之有。

[116] 城郭：城内外。内城曰城，外城曰郭。

[117] 作计乃尔立：（自杀的）主意就这样打定了。乃尔，就这样。

[118] 其日牛马嘶：（结婚的）那天牛马乱叫的时候。

[119] 青庐：青布搭建的帐篷。东汉至唐时的风俗，结婚要在青庐中进行。

[120] 奄奄：昏暗的样子。黄昏：指戌时。

[121] 人定：指亥时。

[122] 华山：庐江境内的小山名，不是现在的西岳华山。

[123] 交通：连接。

[124] 驻足：停下脚步。

[125] 多谢后世人，戒之慎勿忘：嘱咐后世的人，要以此为教训，千万不要忘记。谢，叮嘱。慎，千万。

【文学常识】

《孔雀东南飞》是中国古代一首长篇叙事诗，是汉乐府叙事诗发展的高峰，也是中国文学史上现实主义诗歌发展的重要标志。它原名为《古诗为焦仲卿妻作》，因诗的首句为“孔雀东南飞，五里一徘徊”，故又有此名，最早见于《玉台新咏》，作者不详，是以真人真事为基础创作的。沈归愚称之为“古今第一首长诗”，与《木兰诗》并称“乐府双璧”。

【赏析】

这首长诗主要记录了焦仲卿和刘兰芝二人可歌可泣的爱情悲剧。他们两人虽然相爱，但是却不能够维持他们的婚姻，最主要的外因是焦母不喜欢刘兰芝。焦仲卿出身大家，焦母说他“汝是大家子，仕宦于台阁”，随时有可能飞黄腾达，是属于社会中的上流人物。刘兰芝虽然可能家中富裕，但是毕竟“生小出野里”，很不得婆婆的喜欢，因此二人被迫离婚。但是他们的爱情悲剧并没有这么简单，它是多重的悲剧，不能简单地全部归因于焦母，焦仲卿也要对此负一定的责任。他性格懦弱，虽然深爱妻子，但是因为对母亲不敢有所违背，最终在刘兰芝和母亲这对矛盾中无以自处，只得殉情。另外，刘兰芝的哥哥也对此起到了很大的推动作用，他迫使刘兰芝改嫁，也导致了这场悲剧。然而逼死焦仲卿、刘兰芝二人并不是焦母、刘兄的本意。这从刘兰芝、焦仲卿死后，“两家求合葬”这样后悔不迭的举动可以看出。焦母、刘兄也都是封建礼教的牺牲品。这种不以个别人意志为转移的社会力量，正是当时封建制度罪恶本质的真实反映。焦母、刘兄并不是十恶不赦的坏人，他们也想要以自己的方式对焦仲卿、刘兰芝好，但是正是这种自以为是的好葬送了这对恋人的幸福。这首诗思想上的深刻性可以从这里略见一斑。

《诗经》三首

子　衿[1]

青青子衿，悠悠[2]我心。

纵我不往，子宁[3]不嗣音[4]？

青青子佩，悠悠我思。

纵我不往，子宁不来？

挑兮达兮[5]，在城阙[6]兮。

一日不见，如三月兮。

【注释】

[1] 选自《诗经·郑风》。子，古代男子的美称。衿，衣领。

[2] 悠悠：遥远绵长的样子。

[3] 宁（nìng）：难道。

[4] 嗣（yí）音：传递音讯。嗣，通“诒”，给。

[5] 挑（tāo）、达（tà）：独自徘徊走动的样子。

[6] 城阙：城楼。

硕　鼠[1]

硕鼠硕鼠，无食我黍。

三岁贯女[2]，莫我肯顾[3]。

逝将去女[4]，适彼乐土[5]。

乐土乐土，爰得我所[6]。

硕鼠硕鼠，无食我麦。

三岁贯女，莫我肯德[7]。

逝将去女，适彼乐国。

乐国乐国，爰得我直[8]！

硕鼠硕鼠，无食我苗。

三岁贯女，莫我肯劳[9]。

逝将去女，适彼乐郊。

乐郊乐郊，谁之永号[10]！

【注释】

[1] 选自《诗经·魏风》。硕鼠：田鼠。硕，大。

[2] 三岁：三年，三是虚指。贯：养，侍奉。女：通“汝”，指硕鼠。

[3] 顾：照顾。此句谓不肯照顾我。

[4] 逝：通“誓”，发誓。去：离开。

[5] 适：往。彼：那。

[6] 爰：乃，于是。所：处所。

[7] 德：恩德。

[8] 直：通“职”，职位。或以为即价值之“值”。

[9] 劳：慰劳。

[10]永：长。号：哭。

君子于役[1]

君子于役，不知其期[2]，

曷至[3]哉？鸡栖于埘[4]，

日之夕矣，羊牛下来[5]。

君子于役，如之何勿思[6]？

君子于役，不日不月[7]，

曷其有佸[8]？鸡栖于桀[9]，

日之夕矣，羊牛下括[10]。

君子于役，苟[11]无饥渴。

【注释】

[1]选自《诗经·王风》。君子：妻子对丈夫的敬称。于役：去服役。

[2]期：期限。

[3]曷至：言“至于何地”，即不知漂泊何方之意。今人多释为“何时至家”。

[4]埘（shí）：凿墙做成的鸡窝。

[5]羊牛下来：指太阳落后，羊、牛走下山坡回圈。

[6]如之：这样。何勿思：怎能不思念。

[7]不日不月：言时间不可日以月计算，极写外出的长久。

[8]曷：岂，一说“何时”。佸（huó）：相会。指与丈夫团聚。

[9] 桀：同“榤”。将多枝的树干立于地以栖鸡叫“榤”，即木桩。

[10] 括：至，一说会集。

[11] 苟：且，或。带有期望的口气。

【文学常识】

《诗经》是我国最早的诗歌总集，编成于春秋时代，收录了从周初到春秋中叶的诗歌三百零五首。内容上分为“风”“雅”“颂”三个部分。“风”是地方民歌，有十五国风。“雅”是朝廷乐歌，分大雅和小雅。“颂”是宗庙乐歌，分商颂、周颂和鲁颂。诗篇形式以四言为主，运用赋、比、兴手法。其优秀篇章，描写生动，语言朴素优美，声调自然和谐，富有艺术感染力。

【赏析】

《子衿》的主旨历来有不同的说法，今人一般认为这是一首女性写作的情诗。写的是一位女子在城楼上张望着，期盼着她的恋人的到来。她从恋人的衣饰“子衿”和“子佩”说起。她对对方的衣饰念念不忘，可见相思之苦。“纵我”和“子宁”二者对举，她浓浓的爱意已经转化为惆怅和幽怨。经过前两章感情的铺垫，她在第三章变得更加心烦意乱，在城楼上来来回回走个不停，觉得虽然只有一天不见面，却好像分别了三个月那么漫长。

《硕鼠》中作者将剥削者比喻成大老鼠，用直接呼唤、劝说的方式，通过揭露它们无情吞食田地上的庄稼（黍、麦、苗）却不肯照顾、

慰劳辛勤耕耘的劳动者的罪恶行径，刻画了剥削者贪得无厌的丑恶嘴脸——硕鼠正是他们的真实写照。

《君子于役》是一篇“思妇之辞”。丈夫在外行役，长久不归，妻子在家日日盼望，每当黄昏日落之时，其思念也来得尤其强烈。太阳渐渐落山了，牛羊下山归山村，鸡也一个个进了鸡窝，下地劳动的人自然此时也回家了。这正是家家团聚的时候，而自己的丈夫却不知漂泊在何方，这怎能不令人思念呢？山村晚景，暮色苍茫，更增添了孤寂、忧伤之感。她倚门盼夫却见不到他的影子，频呼“君子”也得不到回应，其内心苦楚可想而知。

晏子使楚[1]

晏子将使楚。楚王闻之，谓[2]左右曰：“晏婴，齐之习辞[3]者也。今方来，吾欲辱之，何以也[4]？”左右对曰：“为其来也，臣请缚一人，过王而行。王曰：‘何为者也？’对曰：‘齐人也。’王曰：‘何坐[5]？’曰：‘坐盗。’”

晏子至，楚王赐晏子酒，酒酣，吏二[6]缚一人诣王。王曰：“缚者曷为者[7]也？”对曰：“齐人也，坐盗。”王视晏子曰：“齐人固[8]善盗乎？”晏子避席[9]对曰：“婴闻之，橘生淮南则为橘，生于淮北则为枳[10]，叶徒[11]相似，其实味[12]不同。所以然者[13]何？水土异也。今民生长于齐不盗，入楚则盗，得无[14]楚之水土使民善盗耶[15]？”王笑曰：“圣人[16]非所与熙[17]也，寡人反取病焉[18]。”

【注释】

[1] 本文选自《晏子春秋》。晏子，名婴，齐国人，春秋时期著名政治家、外交家。使，出使。

[2] 谓：对……说。

[3] 习辞：擅长言辞。

[4] 何以也：“以何也”，用什么办法呢？

[5] 何坐：犯了什么罪？坐，犯……罪。

[6] 吏二：二吏，两个小吏。

[7]曷为者：做了什么事的人？曷，通“何”，什么。为，做。者，……的人。

[8]固：本来。

[9]避席：离开座位，表示严肃庄重。先秦时人席地而坐。

[10]枳（zhǐ）：一种灌木类植物，果实小而苦。

[11]徒：徒自。

[12]实味：实际的味道。

[13]所以然者：这件事的原因。所以，（之所以）……的原因。然，这样。

[14]得无：恐怕是，表示猜测。

[15]耶：语气助词，“吗”。

[16]圣人：才德高的人，这里指晏婴。

[17]熙：通“嬉”，开玩笑。

[18]反取病焉：反而自讨没趣了。病，辱。

【文学常识】

《晏子春秋》旧题《春秋齐晏婴撰》。实系后人依托并采缀晏子言行而作。它是一部记载春秋时期齐相晏婴思想、言行、事迹的书，由民间传说和史实汇编而成，突出反映了晏婴的政治主张和思想品格。有内篇、外篇共八篇，二百一十五章。

【赏析】

《晏子使楚》是《晏子春秋》著名的篇目之一。本文记述了春秋时期晏婴出使楚国，凭借个人的机智和辩才折服楚王，并维护了个人和国家尊严的故事。楚王和楚国人试图羞辱晏子，但是晏子却能轻易化解。当楚王嘲笑齐人偷窃的时候，晏婴举了这样的例子：橘子生在南方能长出甘美的橘子，生在北方只能长出酸苦的枳橘。现在齐人在齐国不偷盗，到了楚国反而偷盗，正如同橘子从南方迁移到了北方。楚王被辩驳得张口结舌，只好自嘲作罢。

《文选》两则

座右铭[1]

无道[2]人之短，无说己之长。施[3]人慎勿念，受施慎勿忘。

世誉不足慕，唯仁为纪纲[4]。隐心[5]而后动，谤议庸[6]何伤？

无[7]使名过实，守愚圣所臧[8]。在涅贵不淄[9]，暧暧[10]内含光。

柔弱生之徒[11]，老氏诫刚强。行行[12]鄙夫[13]志，悠悠故难量。

慎言节饮食，知足胜[14]不祥。行之苟[15]有恒，久久自芬芳。

【注释】

[1] 座右铭：刻于座位右边的铭。铭，是一种专有文体，一般刻在器物上。作铭的目的，或称扬，或警诫。本文的作者崔瑗是中国历史上第一个制作座右铭的人。

[2] 道：说。

[3] 施：给予恩惠。

[4] 纪纲：法度。

[5] 隐心：忖度，审度。

[6] 庸：反问语气词，“怎么”“岂”。

[7] 无：通“毋”，不要。

[8] 臧：赞赏。

[9] 在涅（niè）贵不淄（zī）：即使在黑色泥土中也要以不被沾染

成黑色为贵。涅，黑土。贵，以……为贵。淄，通“缁”，黑色。

[10] 暧暧：昏暗不明的样子。

[11] 柔弱生之徒：柔弱的人能够生存下去。出自《老子》：“坚强者死之徒，柔弱者生之徒。”

[12] 行行：固执前进的样子。

[13] 鄙夫：没有见识的人。

[14] 胜：压倒，指知足可以克服不祥。

[15] 苟：如果，假如。

【文学常识】

崔瑗（77—142），字子玉，涿郡安平（今属河北）人，东汉著名书法家。官至济北相。善章草，师杜操（度）。曾为张芝所师法，对当时影响甚大。

《文选》编选于南朝梁，编者是梁武帝的长子萧统。萧统在死后谥“昭明”，因此《文选》又称《昭明文选》。《文选》选录自先秦至梁的诗文辞赋，不选经子，史书也只略选“综缉辞采”“错比文华”的论赞，共六十卷，分为三十八类，共七百余首，是中国现存最早的一部诗文总集。《文选》编出后，成了士子们的必读书，后来甚至有“文选烂，秀才半”的谚语。

【赏析】

崔瑗的一生波澜起伏，曾经多次有生命之危。他历经人世间的风风雨雨，坚强地走完了六十六岁的一生。他把他的人生经验写成《座

右铭》来警醒自己。这篇文章幸而被《文选》收录，我们才得以在千载之后咀嚼其留下来的精神食粮。《座右铭》全文说的都是做人的道理。崔瑗从人和己的关系说起：“无道人之短……受施慎勿忘。”这是因为他把“仁”看作做人最基本的准则：“唯仁为纪纲”。这和孔子的“仁者爱人”的思想是一以贯之的。孔子也主张自省，他的弟子曾子说：“吾日三省吾身。”所以崔瑗又说：“无使名过实……暧暧内含光。”在做人的方式上，崔瑗又向老子学习了“以柔克刚”的道理，柔弱是立身之本，刚强是取死之道。他把儒道两家的思想融会贯通，并刻成铭文，身体力行。因此他和他的《座右铭》受到了无数后人的景仰。

庭中有奇树[1]

庭中有奇树，绿叶发华滋[2]。

攀条折其荣[3]，将以遗[4]所思。

馨香盈[5]怀袖，路远莫致之[6]。

此物何足贵，但[7]感别经时。

【注释】

[1] 作者不详。庭，院落。奇树，犹“嘉木”，美好的树木。

[2] 发华：开花。华，通“花”。滋：繁茂。

[3] 条：树枝。荣：花朵。

[4] 遗（wèi）：赠送。

[5] 盈：满。

[6] 莫致之：没有办法送给他。莫，没有，没办法。致，送达。

[7] 但：只不过，只是。

【文学常识】

《庭中有奇树》是《古诗十九首》中的一首，最早见于《文选》。在《文选》中，有十九首古诗格调相似，作者大致同时，因此《文选》将其编在一起，后人因而称之为《古诗十九首》。《庭中有奇树》是其中第九首。《古诗十九首》都是五言诗，长短不定，是东汉末年文人诗的代表作，语言朴素，感情真切。因此钟嵘的《诗品》赞颂它“惊心动魄，一字千金”。

【赏析】

这首诗写一个妇女对远行的丈夫的深切思念之情。本诗按照由树及叶、由叶及花、由花及采、由采及送、由送及思的顺序写作。全诗八句，可分作两个层次。前四句诗描绘了这样一幅生机勃勃的春天景象：女主人攀着枝条，折下了最好看的一束花，要把它赠送给日夜思念的亲人。这几句诗写得很朴素，其中展现的正是人们在日常生活中常常可以见到的一种场面。但是把这种场面和思妇怀远的特定主题相结合却形成了一种深沉含蕴的意境，引发读者许多联想。自第五句发生转折，进入第二个层次。“馨香盈怀袖”，是说花的香气染满了妇人的衣襟和衣袖。这句紧承上面“攀条折其荣，将以遗所思”两句，同时描绘出花的珍贵和人物的神情。这花是“奇树”的花，它的香气特别浓郁芬芳，可见用它来寄托深切的思念是再合适不过了。可是“路远莫致之”，妇人的神情又为之黯淡了下来。诗的最后两句：“此

物何足贵，但感别经时。”大意是说：“这花有什么稀罕呢？只是因为别离太久，想借着花儿表达怀念之情罢了。”这是主人公无可奈何、自我宽慰的话，同时也点明了全诗的主题。从前面六句来看，诗人对于花的珍奇美丽本来是极力赞扬的。可是写到这里，突然又说“此物何足贵”，这一扬一抑，增强了诗的感情张力，最后结句也显得格外突出。

张释之执法[1]

司马迁

顷之[2]，上[3]行出中渭桥[4]，有一人从桥下走[5]出，乘舆[6]马惊。于是使骑[7]捕，属之廷尉[8]。释之治[9]问。曰：“县人来，闻跸[10]，匿[11]桥下。久之，以为行已过，即出，见乘舆车骑，即走耳。”廷尉奏当[12]，一人犯跸，当罚金。文帝怒曰：“此人亲惊吾马，吾马赖[13]柔和，令他马，固[14]不败伤我乎？而廷尉乃[15]当之罚金！”释之曰：“法者，天子所与天下公共[16]也。今法如此而更重之，是法不信[17]于民也。且方[18]其时，上使立诛之则已[19]。今既下廷尉，廷尉，天下之平[20]也，一倾而天下用法皆为轻重[21]，民安所措[22]其手足？唯[23]陛下察之。”良久[24]，上曰：“廷尉当是也。”

【注释】

[1]选自《史记·张释之冯唐列传》。张释之，字季，南阳堵阳（今河南方城东）人，西汉法学家，法官。文帝时，以资选为郎，累迁公车令、中郎将。后任廷尉，执法严明。

[2]顷之：不久，不久之后。

[3]上：皇帝。这里指汉文帝。

[4]中渭桥：渭河上的桥。

[5]走：跑。

[6]乘舆：皇帝的车马。

[7] 骑：骑马的卫士。

[8] 廷尉：汉代官名，掌司法。当时的廷尉是张释之。

[9] 治：判理。

[10] 跸（bì）：帝王出行的车驾。

[11] 匿：躲藏。

[12] 奏当：廷尉审理完案件之后向皇帝汇报。

[13] 赖：赖于，这里是“幸亏”的意思。

[14] 固：难道。

[15] 乃：却，居然。

[16] 公共：共同享有。

[17] 信：取信。

[18] 方：当……的时候。

[19] 则已：那就罢了。

[20] 平：准绳。

[21] 一倾而天下用法皆为轻重：一旦倾斜了，天下用的法律准绳都会发生或轻或重的变化。

[22] 安所：什么地方。措：放。

[23] 唯：语气词，表期许、愿望。

[24] 良久：一段时间之后。

【文学常识】

《史记》为西汉司马迁所作，是中国历史上第一部纪传体通史，记载了从黄帝到汉武帝太初年间三千多年的历史，是“二十四史”之首，被鲁迅先生誉为“史家之绝唱，无韵之《离骚》”。《史记》规模巨大，体系完备。全书共一百三十卷，分为十二本纪、十表、八书、三十世家、七十列传，共五十余万字。这五种体例分工明确，严整细密，被称为“纪传体”。后来的历朝正史都采用这种形式撰写。

司马迁，字子长，汉代史学家、文学家，曾任太史令，故《史记》又名《太史公书》。

【赏析】

我国历史上有着一大批敢于仗义执言、秉公执法的“法官”，西汉文景时期的张释之就是其中的一位杰出代表。汉文帝在历史上也是宽容平和的明君，他在位期间生活简朴，并励精图治，但是有时也会发脾气。文中所讲有人不慎冲撞了汉文帝的车驾，汉文帝骑的马受了惊吓，差点儿使他受伤。汉文帝因此很生气，要求张释之严惩此人。但是张释之说：“廷尉，天下之平也。”他身为廷尉，决不肯因皇帝一时之气而随意用刑，表现了他刚正不阿的精神。两千多年后的今天，张释之的这种执法精神仍然值得我们学习。汉文帝虽然当时生气，下了错误的命令，但是受到劝谏的时候能冷静下来，并且知错就改，仍不失为明君。

诫子书[1]

诸葛亮

夫[2]君子之行，静以修身[3]，俭以养德，非澹泊[4]无以明志[5]，非宁静[6]无以致远[7]。夫学须静也，才[8]须学也，非学无以广才[9]，非志无以成[10]学。淫慢[11]则不能励精，险躁[12]则不能治性[13]。年[14]与时驰[15]，意与日去，遂成枯落[16]，多不接世[17]，悲守穷庐[18]，将复何及[19]！

【注释】

[1]选自《诸葛亮集》。诫，警告，劝诫。子，儿子，指诸葛亮之子诸葛瞻。书，信。

[2]夫：发语词，用来引起下文，无实际意义。

[3]修身：培养个人的品德修养。

[4]澹泊：指安静而不贪图利禄的心理状态，现作“淡泊”。

[5]明志：表明自己崇高的志向。明，形容词作动词用，表明。

[6]宁静：安静，集中精力。

[7]致远：实现远大目标。

[8]才：才干，才能。

[9]广才：增长才干。

[10]成：完成，达成。

[11]淫慢：过度享乐。淫，过度。慢，怠慢、懒惰。

[12] 险躁：暴躁。

[13] 治性：陶冶性情。

[14] 年：年龄。

[15] 驰：疾行，这里指年龄增长，时间流逝。

[16] 枯落：枯枝落叶，指人韶华易逝。

[17] 接世：接触社会，指对社会作出贡献。这里有用世之意。

[18] 穷庐：破房子。

[19] 将复何及：又怎么来得及。

【文学常识】

诸葛亮(181—234)，字孔明，琅邪阳都（今山东沂南南）人。东汉末，隐居邓县隆中，留心世事，被称为“卧龙”。他是刘备的主要谋士。三国时期蜀汉丞相，杰出的政治家、军事家。在世时封为武乡侯，因此人称“诸葛武侯”。文学上代表作有《出师表》《诫子书》等。他的作品被收录于《诸葛亮集》。《诸葛亮集》凡二十四篇，其集久佚。今传本为明清人所辑。

【赏析】

诸葛亮是三国时期的著名人物，读过《三国演义》的人应该不会对他感到陌生。在小说里，他是无所不能、无所不知的神人，是智慧的化身，然而这封《诫子书》却向我们展示了他舐犊情深的一面。《诫子书》是诸葛亮晚年写给他的儿子诸葛瞻的家书。诸葛亮在这封信里，最主要的是提出了他对儿子修身立志的要求，那就是：淡泊以明志，

宁静以致远。诸葛亮先是循循善诱地阐释了宁静淡泊的重要，接着指出了放纵怠慢、偏激急躁的危害，最后指出要惜时，不然等到“遂成枯落”，“将复何及”！文章篇幅短小精悍，说理平易近人。在文风上，不事雕琢，简练谨严。《诫子书》是诸葛亮散文中的千古名篇。

《世说新语》两则

王蓝田食鸡子[1]

王蓝田性急。尝[2]食鸡子，以箸刺[3]之不得[4]，便大怒，举以掷[5]地。鸡子于[6]地圆转[7]未止，仍[8]下地以屐齿[9]蹍[10]之。又不得，瞋[11]甚，复于地取内[12]口中，啮[13]破即吐之。王右军[14]闻而大笑曰：“使安期[15]有此性，犹[16]当无一豪[17]可论，况[18]蓝田邪？”

【注释】

[1]选自《世说新语·忿狷》。王蓝田：指王述，字怀祖，东晋时将军，袭封蓝田侯，故世称“王蓝田”。鸡子：鸡蛋。

[2]尝：曾经。

[3]箸：筷子。刺：夹取。

[4]不得：不成功。指夹不住鸡蛋。

[5]掷：扔。

[6]于：在。

[7]圆转：旋转。

[8]仍：通“乃”，于是。

[9]屐齿：木屐的木齿。

[10]蹍（niǎn）：踩，踏。

[11]瞋（chēn）：恼怒。

[12] 内：通“纳”，放入。

[13] 啮：咬，嚼。

[14] 王右军：指王羲之，生于 303 年，卒于 361 年，字逸少，琅邪临沂（今属山东）人。东晋书法家、诗人，曾任右军将军，故世称“王右军”。

[15] 安期：指王蓝田的父亲王承。王承，字安期，东晋名士。

[16] 犹：尚且。

[17] 一豪：一点儿，一丝一毫。

[18] 况：况且。

华王优劣[1]

华歆、王朗俱[2]乘船避难，有一人欲[3]依附，歆辄难[4]之。朗曰：“幸尚[5]宽，何为[6]不可？”后[7]贼追至，王欲舍[8]所携人[9]。歆曰：“本所以[10]疑，正为[11]此耳。既[12]已纳[13]其自托，宁[14]可以急相弃邪[15]？”遂携拯[16]如初。世以此定[17]华、王之优劣。

【注释】

[1] 选自《世说新语·德行》。华歆（xīn）（157—231），字子鱼，三国平原高唐（今山东禹城西南）人。王朗（？—228），字景兴，东海郯（今山东郯城）人。汉末魏初经学家、名士。两人同时代，在当时都是著名人物。

[2] 俱：都。

[3] 欲：想要。

[4] 辄：立即。难：为难，拒绝。

[5] 幸：幸好。尚：尚且。

[6] 何为：为什么。

[7] 后：后来。

[8] 舍：舍弃，抛弃。

[9] 所携人：所携带的那个人。

[10] 本：刚才。所以：之所以……的原因。

[11] 为：因为。

[12] 既：既然。

[13] 纳：接纳。

[14] 宁：怎么，表反问。

[15] 邪：同“耶”，语气词，相当于“呢”。

[16] 遂：于是。携拯：携带救助。

[17] 世：世人。以：用。此：这件事。定：裁定，判断。

【文学常识】

《世说新语》，原名《世说》，一说《世说新书》。编者是南北朝刘宋时期临川王刘义庆。全书分上、中、下三卷，分为德行、言语、政事、文学、方正、雅量等三十六门，收录故事一千多则。内容主要是记载汉末至东晋士大夫的逸闻逸事，当时士族的思想、生活和清谈放诞的风气，在书中得到较多反映，因此此书被鲁迅先生称为“一部名士底教科书”。其语言隽永传神、精练含蓄，是中国魏晋南北朝时期“笔记小说”的代表作。

刘义庆（403—444），南朝宋文学家，彭城（今江苏徐州）人。宋宗室，袭封临川王，曾任南兖州刺史、都督加开府仪同三司。爱好文学，喜招纳文士。撰有《世说新语》，记述汉末、魏、晋士大夫的言行。原有集，已失传。

【赏析】

《世说新语》是我国较早的一部短篇小说集，每则故事的篇幅都很短小，但却在短小的篇幅内通过形象生动的刻画来叙述故事，使读者过目不忘。

《王蓝田食鸡子》描写了王蓝田的性急，只选取他吃鸡蛋的一件小事，但是极为典型。王蓝田夹鸡蛋夹不到就大怒，把鸡蛋扔到地上，然后用脚踩。踩又踩不到，就抓到嘴里嚼破再扔掉。这如同一幕幕闹剧，令人啼笑皆非。他吃鸡蛋尚且如此，做其他事便可想而知。

《华王优劣》记录了华歆、王朗两人在旅途上的一件意外事件，人们通过这件事知道了王朗和华歆人品的高低。当求助者向二人求助的时候，王朗立刻答应了，而华歆不同意。后来追兵追来了，王朗想赶紧把刚才的求助者甩掉，华歆却在这时表示反对。当不需要自己付出代价的时候，一般人——比如王朗——都会表现得慷慨仁慈；可是当威胁到自身利益的时候，我们能不能做到华歆那样呢？古人说“见微知著”，即通过很小的一件事也能看到很多哲理。《华王优劣》即是如此。

慈乌夜啼[1]

白居易

慈乌失其母，哑哑[2]吐哀音。
昼夜不飞去，经年[3]守故林。
夜夜夜半啼，闻者为沾襟[4]。
声中如告诉[5]，未尽反哺[6]心。
百鸟岂[7]无母，尔[8]独哀怨深。
应是母慈重，使尔悲不任[9]。
昔有吴起[10]者，母殁[11]丧不临。
嗟哉斯徒辈[12]，其心不如禽。
慈乌复[13]慈乌，鸟中之曾参[14]。

【注释】

[1] 选自《白氏长庆集》。慈乌：一种乌鸦。相传这种乌鸦能够反哺其母，故称慈乌。啼：啼叫。

[2] 哑（yā）哑：禽鸟鸣叫的声音。

[3] 经年：常年，整年。

[4] 闻者：听到的人。沾襟：沾湿衣襟，指流泪。

[5] 告：告诉。诉：诉说。

[6] 反哺（bǔ）：慈乌初生的时候，母亲喂养它，等它长大了，便捕取食物来喂养母亲，这称作反哺。哺，喂养。

[7] 岂：难道。

[8] 尔：你。

[9] 不任（rèn）：不能承受。

[10] 吴起：生年不详，卒于公元前381年。战国名将，鲁国人。他曾为了追求功名，在母亲去世时，不回家料理丧事。

[11] 殁（mò）：死亡。

[12] 嗟（jiē）哉：表感叹。嗟，叹词。斯：这，这些。徒辈：……一类的人。这句话的意思是：唉，这样的人啊！

[13] 复：无意义，为了加强语气。

[14] 曾参：春秋时期鲁国人，孔子的弟子，是著名的孝子。

【文学常识】

白居易（772—846），字乐天，号香山居士，其先太原（今山西太原西南）人，后迁居下邽（今陕西渭南北）。唐代伟大的现实主义诗人。和元稹一起倡导新乐府运动，主张“文章合为时而著，歌诗合为事而作”。元稹、白居易两人齐名，世称“元白”。晚年和刘禹锡唱和很多，因此并称“刘白”。他的作品被收录在《白氏长庆集》。其作品平易近人，因此广为流传，乃至于有“老妪能解”的说法，对日本等国也产生了巨大的影响。诗歌代表作有《长恨歌》《琵琶行》《秦中吟》等。

【赏析】

乌鸦通体漆黑，长相丑陋，因此人们常常把它们作为不吉利的象征，于是乌鸦常常受到人们的厌恶，但是它们却拥有一种值得我们人类去学习的美德——孝。乌鸦在母亲的哺育下长大，母亲年老后，其子女就四处觅食来赡养母亲。《慈乌夜啼》中的慈乌孝行更加明显。诗中的慈乌在它的母亲去世后，难以抑制悲痛，在空中长久盘桓，整夜哀鸣。诗人白居易看到了此情此景，心中的感慨油然而生：有的人受到母亲的养育之恩后，不能回报母亲，真是连乌鸦都不如。诗人受到了乌鸦的触动，因此写下了这首诗，希望世人能够向乌鸦学习反哺父母的孝行。

卖油翁[1]

欧阳修

陈康肃公尧咨[2]善射[3]，当世无双，公亦以此自矜[4]。尝射于家圃[5]，有卖油翁释担[6]而立，睨[7]之，久而不去。见其发矢[8]十中八九，但微颔之[9]。

康肃问曰："汝亦知射乎？吾射不亦精乎？"翁曰："无他，但手熟尔[10]。"康肃忿然[11]曰："尔安敢轻吾射[12]？"翁曰："以我酌油知之[13]。"乃取一葫芦置于地，以钱覆[14]其口，徐以杓酌油沥之[15]，自钱孔入，而钱不湿。因[16]曰："我亦无他，惟手熟尔。"康肃笑而遣[17]之。

【注释】

[1] 选自《欧阳文忠公文集》。翁：老人。

[2] 陈康肃公尧咨（zī）：指陈尧咨，"康肃"是谥号，"公"是尊称，故称"陈康肃公"。

[3] 善射：擅长射箭。

[4] 自矜（jīn）：自夸。

[5] 圃（pǔ）：菜园子。

[6] 释担：放下担子。

[7] 睨（nì）：斜着眼睛看，形容毫不在意的样子。

[8] 矢（shǐ）：箭。

[9] 微颔（hàn）之：微微点头，意思是略微表示赞许。

[10] 无他，但手熟尔：没有别的（奥秘），不过手法熟练罢了。但，只不过。熟，熟练。尔，通“耳”，语气词，相当于“罢了”。

[11] 忿（fèn）然：生气的样子。

[12] 安：怎么。轻：轻视。

[13] 以我酌（zhuó）油知之：凭我倒油（的经验）知道这个（道理）。以，凭借、依靠。酌，斟酒，这里指倒油。之，指这个道理。

[14] 覆：盖。

[15] 徐：慢慢地。杓（sháo）：现写作“勺”。沥之：注入葫芦。

[16] 因：这里是“接着”的意思。

[17] 遣：打发走。

【文学常识】

欧阳修（1007—1072），字永叔，号醉翁，晚年又号六一居士，吉州吉水（今属江西）人，北宋时期文学家、史学家。主张文章应“明道”“致用”，对宋初以来靡丽、险怪的文风表示不满，并积极培养后进，是北宋古文运动的领袖。著有《欧阳文忠公文集》。其诗、词、文都有很高成就。词风清丽，承袭南唐余风。诗风重气势，流畅自然。散文成就尤高，明白晓畅，抒情委婉，是“唐宋八大家”之一。

【赏析】

本文是一篇隽永有味的寓言故事，通俗易懂，又很有教育意义，因此长期被中学语文教科书收录。文章记述了陈尧咨射箭和卖油翁酌

油的故事，陈尧咨射箭很厉害，但是作者只用了“十中八九”四个字描述，而把重点放在描述卖油翁上。作者通过对卖油翁用钱孔沥油而钱不湿这件小事的细致描写，形象地说明了“熟能生巧”的道理。另外，陈尧咨在历史上是性格刚戾、做事果断的人。故事中，他驳不倒卖油翁的道理，却又不愿意在卖油翁面前低头服输，只得“笑而遣之”。“笑”既是有所得的会心一笑，又是自我解嘲的一笑，含义丰富。赏析时，要细细揣摩其含义。

《梦溪笔谈》三则

沈括

日月之形

日月之形如丸[1]。何以知之？以月盈亏[2]可验[3]也。

月本无光，犹[4]银丸，日耀[5]之乃光[6]耳。光之初生[7]，日在其傍，故光侧[8]而所见才如钩；日渐远，则斜照，而光稍满[9]。如一弹丸，以粉涂其半，侧视之，则粉处如钩；对视之，则正圜[10]。此有以知其如丸也。

【注释】

[1] 丸：弹丸，圆球形。

[2] 盈亏：指月盈、月亏，即月亮的圆缺。

[3] 验：证明，验证。

[4] 犹：犹如，好像。

[5] 耀：照耀，照射。

[6] 光：文中用作动词，是“发光”的意思。

[7] 光之初生：月光初现时，这里是指阴历每月初只能看到一道月牙。

[8] 光侧：指阳光从侧面照射月球。

[9] 稍满：指随着太阳的移动，人们可以见到月球被阳光照亮的地方逐渐增大、变圆。

[10] 正圜：正圆。圜，同“圆”。

海市蜃楼[1]

登州[2]海中，时[3]有云气，如宫室[4]、台观[5]、城堞[6]、人物、车马、冠盖[7]，历历可见[8]，谓[9]之海市。或曰“蛟蜃之气所为”，疑不然也[10]。欧阳文忠[11]曾出使河朔[12]，过高唐县[13]，驿舍[14]中，夜有鬼神自空中过，车马人畜之声一一可辨[15]，其说甚详，此不具纪[16]。问本处[17]父老，云：二十年前尝昼过县，亦历历见人物。土人[18]亦谓之海市，与登州所见大略相类[19]也。

【注释】

[1] 海市蜃（shèn）楼：传说中的蜃能吐气成楼台形状。实际上这是大气由于光线折射而出现的自然现象。蜃，大蛤蜊。

[2] 登州：州名，今山东省蓬莱市、栖霞市一带。

[3] 时：时常，经常。

[4] 宫室：宫殿居室。

[5] 台观：台阁景观。

[6] 城堞（dié）：指城墙。堞，城上的矮墙。

[7] 冠盖：古时官员戴的帽子和乘车的车盖，这里泛指仪仗行列。

[8] 历历可见：清晰可见。历历，清清楚楚。

[9] 谓：称为。

[10] 疑：怀疑。然：是这样。

[11] 欧阳文忠：指欧阳修。欧阳修的谥号是“文忠”。

[12] 河朔：黄河以北地区。欧阳修曾任河北都转运使。

[13] 高唐县：今山东省高唐县。

[14] 驿舍：驿馆，驿站。

[15] 辨：分辨出。

[16] 具纪：具体地记录。

[17] 本处：本地。

[18] 土人：当地人。

[19] 相类：相似。

陨　星[1]

治平元年[2]，常州日禺[3]时，天有大声如雷，乃一大星，几如月[4]，见于东南。少时[5]而又震一声，移著[6]西南。又一震而坠在宜兴县[7]民许氏园中，远近皆见，火光赫然[8]照天，许氏藩篱[9]皆为[10]所焚。是时火息，视地中有一窍[11]如杯大，极深。下视之，星在其中荧荧然[12]，良久[13]渐暗，尚[14]热不可近。又久之，发[15]其窍，深三尺余，乃得一圆石，犹[16]热，其大如拳，一头微锐[17]，色如铁，重亦如之。州守郑伸[18]得之，送润州金山寺[19]。至今匣藏，游人到则发[20]视。王无咎[21]为之传[22]甚详。

【注释】

[1] 陨星：流星路过地球大气层时，没有完全烧毁而陨落在地面上的部分叫作陨星。

[2] 治平元年：公元 1064 年。治平，宋英宗年号。

[3] 常州：今江苏省常州市。日禺（yú）：这里是太阳落下的意思。禺，同“隅”，角落。古代传说中是日落的地方。

[4]几（jī）如月：几乎像月亮一般大。

[5]少时：一会儿。

[6]著（zhuó）：向，到。

[7]宜兴县：今江苏省无锡市宜兴市。

[8]赫然：光明的样子。

[9]藩篱：篱笆。

[10]为：被。

[11]窍：孔。

[12]荧荧然：微光闪动的样子。

[13]良久：很久之后。

[14]尚：尚且。

[15]发：挖掘。

[16]犹：还，依然。

[17]锐：尖。

[18]州守郑伸：指常州太守郑伸。

[19]润州：地名，治所在今江苏省镇江市。金山寺：寺名，位于江苏省镇江市西北金山上。

[20]发：打开。

[21]王无咎：人名，北宋南城（今江西南城）人。

[22]为之传（zhuàn）：为它记载。为，为了。之，指陨星。传，记载，写文章。

【文学常识】

沈括（1031—1095），字存中，号梦溪丈人，北宋浙江钱塘（今浙江杭州）人，我国历史上最卓越的科学家之一。精通天文、地理、典制、律历、音乐、医药等诸多学科，晚年时在镇江梦溪园，举平生见闻撰写了《梦溪笔谈》。

《梦溪笔谈》共二十六卷，又《补笔谈》三卷，《续笔谈》一卷。分故事、辩证、乐律、象数、人事、官政、机智、艺文、书画、技艺、器用、神奇、异事、谬误、讥谑、杂志和药议十七目，凡六百零九条。内容涉及多个学科，是一部涉及古代自然科学、工艺历史及社会历史现象的笔记体著作，价值非凡。

【赏析】

沈括是我国古代杰出的科学家，他对很多自然现象都有着独到的看法。当时人们认为日、月与地球的距离是相同的，因此产生了它们会不会碰到一起的疑问。在《日月之形》中，沈括通过自己对月相的观察，得到了正确的结论：日月是在空中悬挂的球形物体。这在九百多年前的宋朝是一个可贵的科学发现。在《海市蜃楼》和《陨星》中，沈括记录了他观察到的两种自然现象。当时人们对于这两种自然现象有各种神秘的解释。沈括能如实地记录这些现象并分析其成因，不迷信前人的错误解释，这种科学的精神即使在今天也是难能可贵的。

良马对[1]

岳珂

春，正月入见[2]，上从容[3]与谈用兵之要[4]因问先臣曰：“卿在军中得良马不？”先臣答曰：“骥不称其力，称其德也[5]。臣有二马，故常奇[6]之。日噉刍豆至数斗[7]，饮泉一斛[8]，然非精洁[9]，则宁饿死不受。介胄而驰[10]，其初若不甚疾[11]，比[12]行百余里，始振鬣长鸣[13]，奋迅示骏[14]，自午至酉[15]，犹可二百里。褫[16]鞍甲而不息[17]不汗，若无事然。此其为马[18]，受大而不苟取[19]，力裕而不求逞[20]，致远之材也。值复[21]襄阳，平杨么[22]，不事相继以死。今所乘者不然，日所受不过数升，而秣[23]不择粟，饮不择泉。揽辔未安[24]，踊跃疾驱，甫[25]百里，力竭汗喘，殆欲毙然[26]。此其为马，寡取易盈[27]，好逞易穷[28]，驽钝之材也[29]。”上称善。

【注释】

[1] 选自岳珂《金陀粹编》。对，对答、问对。

[2] 见：这里指岳飞觐见皇上。

[3] 从容：徐缓的样子。

[4] 用兵之要：用兵的要诀。

[5] 骥不称（chēng）其力，称其德也：出自《论语·宪问》。骥，良马。称，赞许，称道。

[6] 奇：名词作动词用，以之为奇，感到惊异。

[7] 日啖（dàn）刍（chú）豆至数斗：日，每天。啖，通“啖”，吃。刍，马吃的草。至，至于。这句话的意思是，每天吃饲料要吃几斗那么多。

[8] 斛（hú）：容量单位，十斗为一斛。

[9] 然：然而。精洁：精细清洁。

[10] 介胄（zhòu）：给马披上铠甲和头盔。介，铠甲。胄，头盔。这里都是名词作动词用。驰：跑。

[11] 若：好像。疾：快。

[12] 比：等到……的时候。

[13] 始：才开始。鬣（liè）：马脖子上的长毛。

[14] 奋迅：奋力加速。奋，奋力。迅，加速。示骏：展示出自己神骏的一面。

[15] 自午至酉：从中午到傍晚。午，午时，上午十一点到一点。酉，酉时，下午五点至七点。

[16] 褫（chǐ）：夺取。这里是卸去盔甲的意思。

[17] 息：剧烈地喘气。

[18] 此其为马：这样的马。

[19] 受大：指对饲料和饮水的要求多而且精。苟取：随便取用。苟，苟且，随便。

[20] 力裕而不求逞：力量充沛而不逞能。裕，丰富，充沛。

[21] 值：正当，适逢。复：收复。绍兴四年（1134），岳飞率军收复襄阳等六郡。

[22] 平杨么（yāo）：绍兴三年（1133），杨么被推为洞庭湖地区农民起义军总首领，称“大圣天王”。绍兴五年（1135），起义军被

岳飞率军击败。

[23] 秣（mò）：喂马的饲料。这里作动词用，吃。

[24] 揽辔（pèi）未安：拉住缰绳还未坐稳。辔，马缰绳。

[25] 甫：刚刚。

[26] 殆（dài）欲毙然：像死了一样。殆，近于，几乎。

[27] 寡取易盈：需求不多，容易满足。

[28] 穷：尽，指耗尽力气。

[29] 驽钝之材也：低下的劣马。

【文学常识】

岳飞(1103—1142)，字鹏举，南宋初抗金名将，相州汤阴(今属河南)人。孝宗时，追谥“武穆”。宁宗时，追封鄂王。有《岳武穆遗文》（一作《岳忠武王文集》），诗词散文都慷慨激昂。

岳珂(1183—约1242)，字肃之，号亦斋、倦翁，相州汤阴人。岳飞之孙，南宋文学家，著有《桯史》。又著有《金陀粹编》，专门辑集有关其祖父岳飞的资料为其辩诬，是研究岳飞的重要材料。

【赏析】

本文是岳飞和宋高宗的一次问答，被岳飞之孙岳珂记录了下来。高宗当时询问岳飞是否有良马，岳飞灵机一动，借题发挥，作出了这样一番巧妙的回答。岳飞描述了两种马。先前的马虽然不易养，需要“日啖刍豆至数斗，饮泉一斛”，还必须精细清洁，却能驰骋千里。现在的马平时“秣不择粟，饮不择泉”，似乎很好养，但是到用它的时候就跑不了多远。二者强烈的对比有力地论证了岳飞最开始说的“骥不称其力，称其德也”的中心论点。

本文表面上是论马，实际上是在论人。那些“受大而不苟取，力裕而不求逞”的马，实际上就是那些老成持重的贤才；那些“寡取易盈，好逞易穷”的马，实际上就是那些急躁冒进的庸才。当时正是南宋抗金最激烈的时期，岳飞这番话无疑是有其现实意义的。正如清代学者林西仲所说，这篇文章是岳飞“感慨之极”才喷涌而出的肺腑之言。

与子侄书[1]

毛先舒

年富力强，却涣散精神[2]，肆[3]应于外。多事[4]无益妨有益，将岁月虚过[5]，才情浪掷[6]。及至[7]晓得收拾精神，近里着己[8]时，而年力向衰，途长日暮[9]，已不堪[10]发愤有为矣。回而思之，真可痛哭！汝等虽在少年，日月易逝，斯言常当猛省[11]。

【注释】

[1] 选自《东苑诗文钞》。

[2] 涣散精神：指精神涣散不集中。

[3] 肆：放纵，随意。

[4] 事：从事于，做……的事。

[5] 将岁月虚过：倒装句，指虚过岁月。

[6] 浪掷：虚掷，浪费。

[7] 及至：等到……的时候。

[8] 近里着己：靠近内里，附着己身。意谓将分散的精力收聚回来。

[9] 途长日暮：前面的路还很远，但是已经快要日落西山了。这是比喻的说法，意思是事业还没有完成，人就已经老了。

[10] 不堪：不能。

[11] 斯：这。省：思考，反省。

【文学常识】

毛先舒（1620—1688），明末清初文学家。原名骙，字驰黄，后改名先舒，字稚黄，号蕊云，钱塘（今浙江杭州）人。明末诸生，入清隐居著述。精于音韵之学，工诗文。与毛奇龄、毛际可并称“浙中三毛，文中三豪”，又为“西泠十子”之一。著作宏富，作品主要有《潠书》《思古堂集》《诗辩坻》《韵学通指》《南曲正韵》等。

【赏析】

作者毛先舒是明末清初的大学问家，著作等身，成就很大。但是即使是这样的大学问家，也为曾经浪费时间而感到不安和后悔。文中作者说自己年轻的时候虽然年富力强，却没做有益的事情，荒废了时间，等到自己知道珍惜时间的时候，时间却已经不多了。作者不惜拿自己年轻时候的经历作为反例，正是希望子侄们能够吸取他的教训，在年轻的时候珍惜时间。古诗说：“少壮不努力，老大徒伤悲。”这正是作者想告诉后人的。

勤训[1]

李文炤

治生之道[2]，莫尚[3]乎勤。故邵子[4]云：“一日之计[5]在于晨，一岁之计在于春，一生之计在于勤。”言虽近而旨则远[6]矣。

无如[7]人之常情：恶劳而好逸，甘食媮衣[8]，玩日愒岁[9]。以之[10]为农，则不能深耕而易耨[11]；以之为工，则不能计日而效功[12]；以之为商，则不能乘时[13]而趋利；以之为士，则不能笃志[14]而立行；徒然[15]食息[16]于天地间，是一蠹[17]耳！

夫天地之化，日新则不敝[18]。故户枢不蠹，流水不腐[19]，诚[20]不欲其常安也。人之心与力，何独不然[21]？劳则思[22]，逸则忘，物之情也。大禹[23]之圣，且惜寸阴[24]；陶侃[25]之贤，且惜分阴，又况圣贤不若彼者[26]乎？

【注释】

[1] 选自《恒斋文集》。训：一种文体，内容一般是教育和教导。

[2] 治生之道：谋生的正确方法。道，这里指正确的方法。

[3] 尚：上，比得上。

[4] 邵（shào）子：邵雍，生于1011年，卒于1077年，宋代哲学家。字尧夫，谥“康节”。

[5] 计：计划，打算。

[6] 近：浅近。远：深远。

[7] 无如：不要像……一样。

[8] 甘食媮（yú）衣：吃得好、穿得好。甘，甜。媮，通“愉”。

[9] 玩日愒（kài）岁：指浪费时间。玩，嬉戏。愒，荒废。

[10] 以之：用这种（方法、方式）。

[11] 耨（nòu）：锄草。

[12] 效功：考核制造的器物。这句指不能如期完成工作。

[13] 乘时：趁着好的时机。

[14] 笃志：坚定志向。

[15] 徒然：白白地。

[16] 息：呼吸。

[17] 蠹（dù）：蛀虫。

[18] 日：每天。新：更新。敝：衰败。

[19] 户枢不蠹，流水不腐：经常转动的门轴不会被虫蛀，流动的水不会发臭。语出自《吕氏春秋》。蠹，这里作动词用。

[20] 诚：的确。

[21] 何独不然：难道不是这样吗？然，这样。

[22] 劳则思：需要劳作的时候才想起来思考。

[23] 大禹（yǔ）：夏代开国的君主。姒姓，名文命。鲧之子。原为夏后氏部落领袖，奉舜命治理洪水。

[24] 寸阴：时间。后面的“分阴”也是指时间。

[25] 陶侃：晋朝将军。他曾说：“大禹惜寸阴，吾人当惜分阴。”

[26] 彼者：那些人。

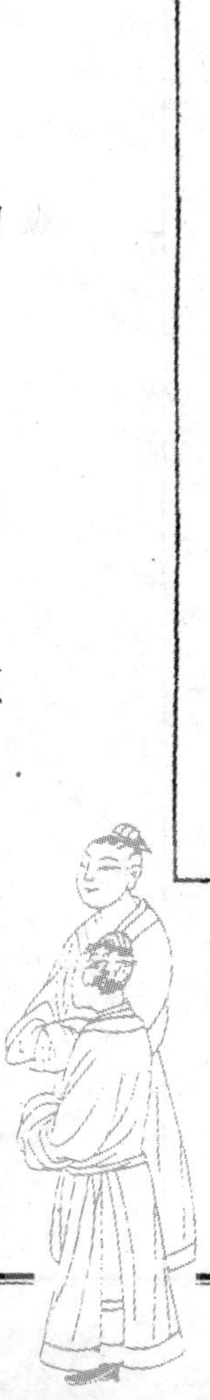

【文学常识】

李文炤（1672—1735），字元朗，号恒斋，湖南善化（今湖南长沙）人，清代经学家。他专门从事儒家经典研究，著有《周礼集传》《春秋集传》《中庸讲义》。也擅长文学创作，作品收录于《恒斋文集》。

【赏析】

如果向不同的人询问一个相同的问题，可能每个人都有自己独到的看法。比如在“人在生活中最应该重视什么”问题上，诸位老先生就给出了见仁见智的不同回答。周怡说：“人应该简朴。”毛先舒说：“也应该惜时。”清代大儒李文炤给出了他自己的建议：“人最重要的是勤劳。”本文的中心论点就是开头的第一句话：“治生之道，莫尚乎勤。”只有勤劳才能成功。如果好逸恶劳、每天浑浑噩噩，那么无论做农民、工人、商人还是士人，都只能一事无成，最后成为对社会无用的蛀虫。所以应该戒除懒惰的毛病，把每天的时间投入到有意义的活动中，充实自己。如果能够坚持这样做，那么每天面对的都将会是一个崭新的自己。正如《大学》说：“苟日新，日日新，又日新。”

《越缦堂日记》三则

李慈铭

× 月 × 日　晴，风甚凉

庭中紫豆一丛，作花[1]甚繁；芭蕉展叶，绿满窗户；紫薇[2]久花[3]，离离[4]散红。每晴昼晚阴，徙倚[5]其下，此亦予之三友[6]也。

【注释】

[1] 作花：开花。

[2] 紫薇：落叶乔木，树皮光滑，夏秋开花，成穗状，色紫红。

[3] 花：开花。

[4] 离离：披垂繁茂的样子。

[5] 徙倚：徘徊，来回地走。

[6] 三友：作者指紫豆、芭蕉、紫薇。

× 月 × 日　阴晴相间，天气和煦[1]

夜归馆后，僮仆[2]渐睡，内外寂然。红烛温炉，手注[3]佳茗[4]，异书[5]在案[6]，朱墨[7]烂然[8]，此间受用[9]，正复不尽，何必名山吾庐邪[10]？然或[11]精神不继，或尘务[12]经心，便亦不能领略[13]，此事固当有福[14]。

【注释】

[1]和煦（xù）：暖和。

[2]僮仆：佣人。

[3]注：灌，倒。

[4]茗（míng）：茶。

[5]异书：奇特的书。

[6]案：一种桌子。

[7]朱墨：红色的墨。

[8]烂然：痕迹清晰鲜明。

[9]受用：享用。

[10]何必名山吾庐邪：何必一定要选择名山来作为自家书庐呢？意思是读书在哪里都可以。

[11]或：有的。这里指有时候。

[12]尘务：杂事，俗务。

[13]不能领略：不能领略这样读书的快乐。

[14]此事固当有福：这种事本来就要有福气（才能享受这种读书的快乐）。

×月×日　晨阴，甚凉，巳[1]后晴

傍晚，独步[2]至仓颉[3]祠前看稻花。时[4]夕阳在山，苍翠欲滴[5]，风叶露穗[6]，摇荡若千顷[7]波；山外烟岚[8]，远近接簇[9]；悠然畅寄[10]，书味满胸。此乐非但忘贫，兼可入道[11]。

【注释】

[1] 巳（sì）：指巳时，上午九点至十一点。

[2] 步：走。

[3] 仓颉（jié）：传说中的人物。据说是黄帝的史官，发明了汉字。

[4] 时：当时。

[5] 苍翠欲滴：山色翠绿得就好像要滴下来一样。

[6] 风叶露穗：风吹稻叶，露出稻穗。

[7] 顷：土地面积单位，一百亩为一顷。

[8] 烟岚：山林间蒸腾起来的雾气。

[9] 接簇（cù）：连接集聚。

[10] 畅寄：寄情于大自然。

[11] 入道：得道，悟道。

【文学常识】

李慈铭(1830—1894)，清末文学家。初名模，字式侯，后改名慈铭，字爱伯，一作悉伯，号莼（chún）客，浙江会稽（今浙江绍兴）人。光绪进士，官至山西道监察御史。涉猎广泛，为时人所重，后被誉为“旧文学的殿军”。晚年号越缦老人。著作以《越缦堂日记》著名。越缦堂，为李慈铭的居室名。《越缦堂日记》是李慈铭自二十岁至晚年约四十余年间的日记，洋洋数百万言，内容包括说经证史、读书心得、闲情逸闻、人物评鉴及生活札记等，流传颇广，受时人欢迎。

【赏析】

法国雕塑家罗丹说：“世界上并不缺少美，而是缺少发现美的眼睛。”李慈铭在这三则日记中，记载的都是他生活中的平常事。但这些平常事经他娓娓道来，便呈现出一份独特的美感。第一则日记记载了李慈铭家里精心种植的花草，饶有风味。第二则日记记载了他晚上独自读书的悠闲惬意。第三则日记记载了他傍晚独自散步的场景。

写日记是一个人们公认的好习惯，但是相当一部分人不喜欢写日记，倘若问他们为什么，许多人都会说“每天都无事可写”。其实写日记又何必一定要发生什么大事才能写呢？日记记录的正是生活中的点点滴滴。这样写出来的日记才会有血有肉，才是活生生的生活的反映。

潍县署中与舍弟墨第二书[1]

郑燮

余[2]五十二岁始[3]得一子，岂有不爱之理！然[4]爱之必以其道[5]，虽嬉戏玩耍，务[6]令忠厚悱恻[7]，毋为刻急[8]也。

平生最不喜笼中养鸟，我图[9]娱悦，彼[10]在囚牢，何情何理，而必屈物之性[11]以适吾性[12]乎！至于发系[13]蜻蜓，线缚螃蟹，为小儿玩具，不过一时片刻[14]便摺拉[15]而死。夫天地生物，化育劬劳[16]，一蚁一虫，皆本[17]阴阳五行之气絪縕[18]而出。上帝[19]亦心心爱念。而万物之性人为贵。吾辈竟不能体天之心[20]以为心，万物将何所[21]托命乎？蛇蚖[22]、蜈蚣、豺狼、虎豹，虫之最毒者也，然天既生之，我何得而杀之？若必欲尽杀[23]，天地又何必生？亦惟驱[24]之使远，避之使不相害[25]而已。蜘蛛结网，于人何罪？或谓[26]其夜间咒月[27]，令人墙倾壁倒[28]，遂击杀无遗[29]。此等说话[30]，出于何经何典，而遂以此残物之命，可乎哉[31]？可乎哉？

我不在家，儿子便是你管束[32]。要须长[33]其忠厚之情，驱其残忍之性，不得以为犹子[34]而姑纵惜[35]也。家人[36]儿女，总是天地间一般[37]人，当一般爱惜，不可使吾儿凌虐他。凡鱼飧[38]果饼，宜均分散给，大家欢嬉跳跃。若吾儿坐食好物，令家人子远立而望，不得一沾唇齿；其父母见而怜[39]之，无可如何[40]，呼之使去，岂非割心剜[41]肉乎！

夫读书、中举、中进士、做官，此是小事，第一要明理做个好人。可将此书读与郭嫂、饶嫂听，使二妇人知爱子之道在此不在彼也。

【注释】

[1] 选自《郑板桥全集·书信卷》。潍县：今山东潍坊。当时郑板桥担任潍县县令。署：官署，官衙。舍弟：弟弟，指郑墨。

[2] 余：我。

[3] 始：才。

[4] 然：然而。

[5] 以其道：按正确的方法。

[6] 务：务必，一定。

[7] 忠厚悱恻：忠诚厚道，感情真挚。

[8] 刻急：苛刻严峻。

[9] 图：贪图。

[10] 彼：它们，指笼子中的鸟。

[11] 物之性：外物的自然本性。

[12] 适吾性：满足我个人的性情。

[13] 发系：用头发系住。

[14] 一时片刻：一会儿。一时，就是片刻。

[15] 摺（zhé）拉：摧折，损毁。

[16] 化育：繁衍生育。劬(qú)劳：劳累，劳苦。

[17] 本：源于，本于。

[18] 氤氲（yīn yūn）：形容烟或云气浓郁，此指绵绵不断。

[19] 上帝：上天。这里的“上帝”不同于西方宗教观念的“上帝”。

[20] 体天之心：体察上天的内心。

[21] 何所：什么地方。

[22] 蚖（yuán）：一种毒蛇。

[23] 必欲尽杀：一定要把它们全杀掉。必，一定要。尽，全部。

[24] 驱：驱赶。

[25] 相害：害我们。这里不是“互相伤害”的意思。

[26] 或谓：有人说。

[27] 咒月：对月祈祷。

[28] 墙倾壁倒：墙壁倒塌。

[29] 无遗：没有剩余。

[30] 说话：言语，言论。

[31] 可乎哉：可以吗？“乎”和“哉”都是语气词。

[32] 管束：约束管理。

[33] 长：增长。

[34] 犹子：侄子。

[35] 姑：姑息。纵：纵容。惜：怜惜。

[36] 家人：指郑家的仆人。

[37] 一般：一样。

[38] 飧：晚饭。引申为熟食。

[39] 怜：可怜。

[40] 无可如何：无可奈何。

[41] 剜（wān）：割。

【文学常识】

郑燮（xiè）（1693—1765），字克柔，又号板桥，故世称郑板桥，又称板桥先生，江苏兴化（今江苏兴化）人。清代著名书画家、文学家。为人疏放不羁，醉情山水。精通诗、词、书、画，其诗、书、画世称“三绝”，是清代有代表性的文人画家，擅画兰、竹。郑燮一生画竹最多，次则兰、石，也画松、菊，代表画作为《兰竹图》。和金农、汪士慎等七人合称为“扬州八怪”。他的一生可以分为“读书、教书”、卖画扬州、“中举人、进士”及宦游、做吏山东和再次卖画扬州五个阶段。著有《板桥全集》，手书刻之。

【赏析】

郑板桥是“扬州八怪”之一，是清代有名的怪才，他不仅在书法、绘画方法上大异其趣，教子的方法也迥然不同。证据就是这一封家书：《潍县署中与舍弟墨第二书》。作者在写这封信时，正远在山东做官。老来所得的爱子还在江苏老家，由他的弟弟郑墨抚养。郑板桥害怕弟弟郑墨不敢管教，骄纵了孩子，所以特意写了这封信给郑墨。郑板桥认为，教育孩子最关键的是要培养孩子的忠厚之性。有时候孩子会无意识地做出一些很残忍的事情，比如捕捉或者杀死小动物。这种在当时司空见惯的行为，在郑板桥眼中却是不可容忍的。郑板桥对家中的仆人也关爱有加，嘱咐“吾儿”不能“凌虐”他们。在阶级的鸿沟面前，郑板桥表现出了异于当时人的“怪”。可是这种“怪”在今天看来，正是他超越时代的表现。

勉谕儿辈[1]

周怡

由俭入奢[2]易，由奢入俭难。饮食衣服，若思[3]得之艰难，不敢轻易费用[4]。酒肉一餐[5]，可办[6]粗饭几时；纱绢[7]一匹，可办粗衣几件；不馋[8]不寒足矣，何必图[9]好吃好着[10]？常将有日思无日，莫等无时思有时，则子子孙孙，常享温饱矣。

【注释】

[1] 选自《讷溪文集》。勉谕：勉励劝诫。

[2] 俭：节俭。奢：奢侈浪费。

[3] 若：如果。思：想到。

[4] 费用：花费钱财。

[5] 一餐：一顿。

[6] 办：置办，做成。

[7] 纱绢：一种细薄的丝织品。

[8] 馋：这里是饥饿的意思。

[9] 图：贪图。

[10] 着（zhuó）：穿着。

【文学常识】

周怡（1505—1569），字顺之，号讷溪，明代仙源（今山东曲阜）

人。嘉靖年中举，以刚正直言著称。为官严峻清廉，嫉恶如仇，先后因此入狱五次。后追谥“恭节”。著有《讷溪文集》二十七卷。

【赏析】

本文是周怡对他的子孙的一番教导。全文主要说了一个“俭”字，周怡认为持家的秘诀就是简朴持家。开头作者引用了宋代大文学家司马光的一句话：“由俭入奢易，由奢入俭难。”这句话因其高度的概括和丰富的内涵成为了人们口耳相传的谚语。接下来作者开始了苦口婆心的分析：大吃大喝一顿的花费，足以吃几天的粗茶淡饭；一批精美丝绸的价值，可以做好几件粗衣服；能够不饥不寒就足够了，何必一定要放纵自己的欲望，必须得好吃好穿呢？在物质生活极为丰富的今天，我们应该回顾一下前人关于简朴的教诲，很有现实意义。

大明湖[1]

刘鹗

一路秋山红叶，老圃[2]黄花，颇[3]不寂寞。到了济南府，进得城来，家家泉水，户户垂杨，比那江南风景，觉得更为有趣。

到了小布政司街[4]，觅[5]了一家客店[6]，名叫高升店，将行李卸下，开发[7]了车价酒钱，胡乱吃点晚饭，也就睡了。

次日清晨起来，吃点儿点心，便摇着串铃[8]，满街踅[9]了一趟，虚应一应故事[10]。午后便步行至鹊华桥[11]边，雇了一只小船，荡起双桨，朝北不远，便到历下亭[12]前。下船进去，入了大门，便是一个亭子，油漆已大半剥蚀[13]。亭子上悬了一副对联，写的是：

历下此亭古，

济南名士多。[14]

上写着“杜工部句”，下写着“道州何绍基书”。亭子旁边，虽有几间群房，也没有甚么[15]意思。

复行下船，向西荡去，不甚远，又到了铁公祠[16]畔。你道铁公是谁？就是明初与燕王为难的那个铁铉。后人敬他的忠义，所以至今春秋时节，土人尚不断的来此进香。

到了铁公祠前，朝南一望，只见对面千佛山[17]上，梵宇僧楼[18]，与那苍松翠柏，高下相间，红的火红，白的雪白，青的靛青，绿的碧绿，更有那一株半株的丹枫，夹在里面，仿佛宋人赵千里[19]的一幅大画，做了一架数十里长的屏风。

正在叹赏不绝，忽听一声渔唱[20]；低头看去，谁知那大明湖业已[21]澄净的同镜子一般。那千佛山的倒影映在湖里，显得明明白白。那楼台树木，格外光彩，觉得比上头的一个千佛山还要好看，还要清楚。

这湖的南岸，上去便是街市；却有一层芦苇，密密遮住。现在正是着花的时候，一片白花映着带水气的斜阳，好似一条粉红绒毯，做了上下两个山的垫子，实在奇绝。

老残心里想道："如此佳景，为何没有甚么游人？"看了一会儿，回转身来，看那大门里面楹柱[22]上有副对联，写的是：

四面荷花三面柳，

一城山色半城湖。[23]

暗暗点头道："真正不错！"进了大门，正面便是铁公享堂[24]，朝东便是一个荷池。绕着曲折的回廊，到了荷池东面，就是个圆门。圆门东边有三间旧房，有个破匾，上题"古水仙祠"四个字。祠前一副破旧对联，写的是：

一盏寒泉荐秋菊，

三更画船穿藕花。[25]

过了水仙祠，仍旧上了船，荡到历下亭的后面。两边荷叶荷花，将船夹住。那荷叶初枯，擦的船嗤嗤价[26]响；那水鸟被人惊起，格格价飞；那已老的莲蓬，不断的绷到船窗里面来。老残随手摘了几个莲蓬，一面吃着，一面船已到了鹊华桥畔了。

【注释】

[1] 选自《老残游记》。大明湖是济南名胜。这段节选讲的是老残

游览大明湖时的所见所闻。

[2] 圃：园子。

[3] 颇：很。

[4] 小布政司街：街名。

[5] 觅：寻找。

[6] 客店：旅社。

[7] 开发：支付。

[8] 串铃：一种类似铃铛的响器。旧时走江湖给人算命、看病的人常用它来招徕顾客。老残是走方郎中，因此要用。

[9] 踅（xué）：旋转，折回。

[10] 故事：旧事。应故事：指老残随意摇铃逛了一逛，试着找些顾客。

[11] 鹊华桥：桥名，在大明湖南。

[12] 历下亭：济南名胜。因为南临历山而得名。在大明湖东南隅的岛上。

[13] 剥蚀：侵蚀剥落。

[14] 这副对联出自杜甫《陪李北海宴历下亭》。原诗为“海右此亭古，济南名士多”。杜甫，唐代诗人，世称杜工部。

[15] 甚么：什么。

[16] 铁公祠：位于大明湖畔，祭祀明代兵部尚书铁铉。他在“靖难之役”中坚守济南，不肯投降造反的燕王朱棣。因此朱棣即位后杀害了铁铉。

[17] 千佛山：济南一山名，古称历山。

[18] 梵宇僧楼：佛教建筑。

[19] 赵千里：南宋画家，擅长画金碧山水。

[20] 渔唱：渔人唱的歌。

[21] 业已：已经。

[22] 楹（yíng）柱：厅堂进门前的柱子。

[23] 此副对联作者是清代文人刘凤浩。

[24] 享堂：祭祀的正堂。

[25] 这是集句联。上联选自苏轼《书和靖林处士诗后》，下联选自陆游《同何元立赏荷花追忆镜湖旧游》。

[26] 价：用于词尾，相当于“的”。

【文学常识】

《老残游记》，清末长篇小说，二十回，又二集存九回，晚清“四大谴责小说”之一。小说以一个走方郎中老残的游历为主线，展现了清末山东一带社会生活的面貌。作者借助老残这一形象，对封建社会的官僚政治及文化心态，作了深刻的透视和反思。对当时某些官吏的残暴昏庸有所暴露，着重抨击那些名为清官，实即酷吏的虐民行为。严复对此评价为“中国近一百年内无此小说”。

刘鹗（1857—1909），字铁云，别署洪都百炼生。江苏丹徒（今镇江）人。诸生。通数学、医术、水利等学。

【赏析】

大明湖是济南的千古名胜。大明湖之于济南正如西湖之于杭州，玄武湖之于南京，瘦西湖之于扬州。倘若去了济南，大明湖便是不可不去的景点。老残也是如此。你看他到济南第二天便赶紧到鹊华桥去了。从鹊华桥荡舟开始，依次游览了大明湖各处的景色。先游历下亭，再游铁公祠、古水仙祠，最后从历下亭后面绕回来，仍从鹊华桥上岸。在老残的游览过程中，作者借助老残的游踪，抓住大明湖每一处景物的特色，移步换景，描绘出大明湖的湖光山色、诗情画意，给人以身临其境之感。大明湖的美首先在于其自然景色的美，有“如画的千佛山”，有“澄净的如镜子一般”的大明湖水，有夕阳下“好似一条粉红绒毯”的芦花岸。这三者交相辉映，使得“宋人赵千里的一幅大画”充满了宁静、明丽。大明湖处处是名胜古迹，这是大明湖的人文美。湖心岛上的历下亭，令人心生敬意的铁公祠，再加上处处可见的楹联匾额，把历史、人物和大明湖的景色融合在了一起，使这片美景又大气磅礴了起来。自《老残游记》成书以来，刘鹗对济南大明湖的描写一直为人们所称道。去大明湖，不可不读此段文字。读了此段文字，更让人对大明湖心驰神往。

《幽梦影》四则

张潮

对渊博友，如读异书[1]；对风雅友，如读名人诗文；对谨饬[2]友，如读圣贤经传；对滑稽友，如阅传奇[3]小说。

【注释】

[1]异书：珍贵或罕见的书。

[2]谨饬（chì）：谨慎。

[3]传奇：一种古代的文体类型。

善读书者，无之而非书[1]，山水亦书也，棋酒亦书也，花月亦书也。善游山水者，无之而非山水，书史[2]亦山水也，诗酒亦山水也，花月亦山水也。

【注释】

[1]无之而非书：没有什么不是书。

[2]书史：典籍，指经史类书籍。

人莫[1]乐于闲，非无所事事之谓[2]也。闲则能读书，闲则能游名胜，闲则能交益友，闲则能饮酒，闲则能著书，天下之乐，孰[3]大于是？

【注释】

[1] 莫：没有什么。

[2] 之谓：……的意思是……。

[3] 孰：什么。

凡事不宜刻[1]，若读书，则不可不刻；凡事不宜贪，若买书，则不可不贪；凡事不宜痴[2]，若行善，则不可不痴。

【注释】

[1] 刻：指做事急于完成。

[2] 痴：执着。

【文学常识】

《幽梦影》是随笔体格言小品文集，清代文学家张潮所著。

张潮（1650—约1709），字山来，号心斋，安徽歙县人。清代文学家、出版家。康熙间以岁贡生授翰林院孔目，未赴任。著作等身，工诗词散文，而尤以编刊丛书名世。著名的作品包括《幽梦影》《花影词》等。编刊有《昭代丛书》《檀几丛书》及短篇小说集《虞初新志》等。

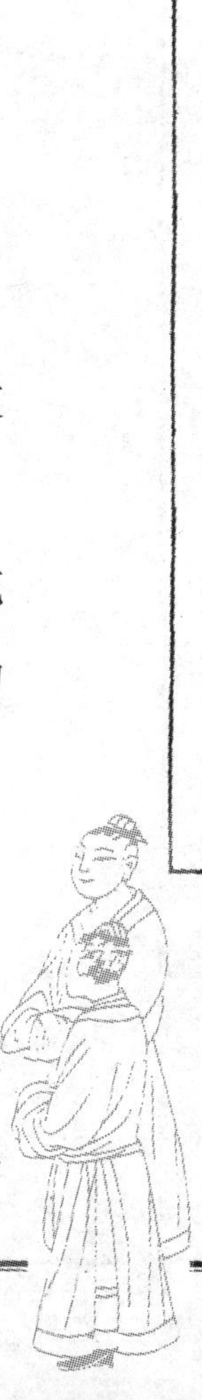

【赏析】

《幽梦影》是古代小品文的经典之作，它主要着眼于以优雅的心胸和眼光去发现美的事物，可以说是求美的，其表现形式也是温婉的。这里节选的四则都是和读书相关的。读书切不可被视为一种苦差事。在张潮的眼中，读书是一种享受，读书仿佛是和朋友交谈，又像是游览山水风景。只有在读书中发现其趣味，才是真正行之有效的学习方法。

为 学[1]

彭端淑

天下事有难易[2]乎？为之，则难者亦易矣；不为，则易者亦难矣。人之为学有难易乎？学之，则难者亦易矣；不学，则易者亦难矣。

吾资[3]之昏，不逮[4]人也；吾材之庸，不逮人也；旦旦[5]而学之，久而不怠[6]焉，迄[7]乎成，而亦不知其昏与庸也。吾资之聪，倍人[8]也；吾材之敏，倍人也；屏[9]弃而不用，其与昏与庸无以异也。圣人之道，卒于鲁也传之[10]。然则昏庸聪敏之用，岂有常哉？

蜀[11]之鄙[12]有二僧：其一贫，其一富。贫者语于富者曰："吾欲之[13]南海[14]，何如？"富者曰："子何恃[15]而往？"曰："吾一瓶一钵[16]足矣。"富者曰："吾数年来欲买舟而下，犹未能也。子何恃而往？"越[17]明年，贫者自南海还，以告富者，富者有惭色[18]。

西蜀之去[19]南海，不知几千里也，僧富者不能至而贫者至焉。人之立志，顾[20]不如蜀鄙之僧哉？是故聪与敏，可恃而不可恃也，自恃其聪与敏而不学者，自败者也[21]。昏与庸，可限[22]而不可限也；不自限其昏与庸而力学不倦者，自力者也。

【注释】

[1] 选自《白鹤堂文集》。为：作。

[2] 易：简单。

[3] 资：天资。

[4] 逮：比得上。

[5] 旦旦：每天。

[6] 怠：懈怠。

[7] 迄：等到……的时候。

[8] 倍人：“倍于人”的省略。

[9] 屏：同“摒”，除去、排除。

[10] 圣人：指孔子。卒：终于。鲁：迟钝，不聪明。孔子曾经说他的弟子曾参不聪明。虽然如此，曾参最后却传承发扬了孔子的学说。

[11] 蜀：指今天的四川一带。

[12] 鄙：边境。

[13] 之：动词，去、到、往。

[14] 南海：指佛教圣地普陀山。

[15] 恃：凭借。

[16] 钵（bō）：和尚用的饭碗。

[17] 越：等到……的时候。

[18] 色：脸色。

[19] 去：距离。

[20] 顾：难道。

[21] 自败者也：是自取其败（的人）啊。

[22] 限：限制。指限制自己发展。

【文学常识】

彭端淑（约 1699—约 1779），字乐斋，号仪一，眉州丹棱（今四川丹棱）人。清朝官员、文学家。与李调元、张问陶一起被后人并称为“清代四川三才子”。现存主要作品有《白鹤堂文集》四卷、《雪夜诗谈》二卷、《粤西纪草》一卷等。

【赏析】

本文作于乾隆九年，当时因为彭端淑同族子侄很多，但连一个文举人都没有，作者见状，甚为忧心，急而训之，才写出这篇文章来。文章着重论述做学问的道理，指出人的天赋才资并非决定学业是否有成的条件，只有通过主观努力，才能有所成就：“学之，则难者亦易矣；不学，则易者亦难矣。”之后又通过四川边境贫富两僧想去南海的故事说明“有志者事竟成”的道理。全篇以虚带实，就实论虚，例证生动，观点鲜明，是彭端淑最广为人知的作品。

《宋定伯捉鬼[1]》

南阳[2]宋定伯年少[3]时，夜行逢鬼。问之，鬼言："我是鬼。"鬼问："汝复[4]谁？"定伯诳[5]之，言："我亦鬼。"鬼问："欲至何所[6]？"答曰："欲至宛市[7]。"鬼言："我亦欲至宛市。"遂行数里，鬼言："步行太亟[8]，可共递相担[9]，何如？"定伯曰："大善。"鬼便先担定伯数里。鬼言："卿[10]太重，将非[11]鬼也？"定伯言："我新鬼，故身重耳。"定伯因复担鬼，鬼略[12]无重。如是再三。定伯复言："我新鬼，不知有何所畏忌？"鬼答言："惟不喜人唾[13]。"于是共行。道遇水，定伯令鬼先渡，听之，了然[14]无声音。定伯自渡，漕漼[15]作声。鬼复言："何以有声？"定伯曰："新死，不习[16]渡水故耳，勿怪吾也。"

行欲至宛市，定伯便担鬼，着[17]肩上，急执之[18]。鬼大呼，声咋咋然[19]，索下[20]，不复听之。径[21]至宛市中下着地，化为一羊，便卖之。恐其变化，唾之[22]。得钱千五百乃去。于时石崇[23]言："定伯卖鬼，得钱千五。"

【注释】

[1] 选自《搜神记》卷一六。原文题目为《宋定伯卖鬼》。

[2] 南阳：古郡名，今河南省南阳市。

[3] 少：年轻。

[4] 复：又。

[5] 诳：欺骗。

[6] 所：地方。

[7] 宛市：宛县的市场。市，市场。

[8] 亟（jí）：疲劳。

[9] 共递相担：一起轮流相互背负。递，轮流。

[10] 卿：你。

[11] 将非：恐怕不是。表示猜测。

[12] 略：大略，几乎。

[13] 唾：唾沫。

[14] 了然：完全。表示程度。

[15] 漕漼（cuǐ）：涉水的声音。象声词。

[16] 习：习惯。

[17] 着：放置。

[18] 急执之：紧紧地抓住鬼。执，握住，抓住。

[19] 咋（zé）咋然：鬼大声呼叫的样子。象声词。

[20] 索下：要求（从肩上）下来。索，求。

[21] 径：一直。

[22] 唾之：用唾液吐他。唾，向（鬼）身上吐唾液。

[23] 石崇：西晋人。

【文学常识】

《搜神记》是一部记录古代民间传说故事中神奇怪异故事的故事集，开创了我国古代志怪小说的先河。全书三十卷，已散佚，今本二十卷，系从《法苑珠林》《太平御览》等书辑录而成，作者序中称其意在“发明神道之不诬”，然亦供人“游心寓目”。作者是东晋史学家、文学家干宝。

干宝(?—336)，字令升，东晋时新蔡（今属河南）人，元帝时以佐著作郎领修国史，著《晋纪》，时称良史，今已佚。他本人是一个有神论者，他想要搜集前人著述及传说故事，证明鬼神确实存在。故《搜神记》所叙多为神灵怪异之事，也有不少民间传说和神话故事。

【赏析】

这则古代著名的不怕鬼的故事，讲述的是宋定伯和一个鬼斗智斗勇的故事。宋定伯虽然在路上遇见了鬼，但是他运用自己的才智得到了鬼的信任，并且得知了鬼的弱点，最终依靠人类的智慧和勇气征服了鬼。这个故事表现出来的东西恰好和干宝编撰《搜神记》的主观目的相违背，它告诉了人们：人用自己的胆量和智慧一定能够战胜一切妖魔鬼怪。

四时读书乐[1]

翁森

春

山光照槛[2]水绕廊，舞雩[3]归咏春风香。

好鸟枝头亦朋友，落花水面皆文章。

蹉跎[4]莫遣韶光[5]老，人生唯有读书好。

读书之乐乐何如？绿满窗前草不除。

【注释】

[1]《四时读书乐》：著名组诗，表现春、夏、秋、冬四季的读书情趣。

[2] 槛：栏杆。

[3] 舞雩（yú）：雩，古代求雨的祭礼。祭天求雨之处，有树有坛，雩祭时有歌舞，故称舞雩。

[4] 蹉跎：光阴白白地过去。

[5] 韶光：美好的青年时代。

夏

修竹压檐桑四围，小斋幽敞明朱晖[1]。

昼长吟罢蝉鸣树，夜深烬落萤入帏[2]。

北窗高卧[3]羲皇[4]侣，只因素谂[5]读书趣。

读书之乐乐无穷，瑶琴一曲来薰风[6]。

【注释】

[1] 晖：阳光。

[2] 帏：帐子，幔幕。

[3] 北窗高卧：比喻悠闲自得。晋朝陶渊明《与子俨等疏》：“常言五六月中，北窗下卧，遇凉风暂至，自谓是羲皇上人。”

[4] 羲皇：指伏羲氏。古人想象伏羲以前的人无忧无虑，生活闲适。

[5] 谂（shěn）：知道。

[6] 薰风：和暖的风。指初夏时的东南风。

秋

昨夜前庭叶有声，篱豆花开蟋蟀鸣。

不觉商意[1]满林薄[2]，萧然万籁涵虚清[3]。

近床赖有短檠[4]在，对此读书功更倍。

读书之乐乐陶陶，起弄明月霜天高。

【注释】

[1] 商意：秋意，秋气。

[2] 林薄：草木生长茂密之处。

[3] 涵虚清：映在水中的天空清澈明净。

[4] 短檠（qíng）：矮灯架，借指小灯。

冬

木落水尽千岩枯，迥然[1]吾亦见真吾。

坐对韦编[2]灯动壁，高歌夜半雪压庐。

地炉茶鼎烹活火，一清足称读书者。

读书之乐何处寻？数点梅花天地心。

【注释】

[1] 迥然：形容差别很大。

[2] 韦编：古代用竹简书写，并用皮绳编缀而成的，称“韦编”。这里指书籍。

【文学常识】

翁森，字秀卿，号一瓢，宋末元初人，著名的诗人、学者、教育家。他从小就喜欢读书，长大后，经、史、子、集，无书不读，融会贯通，博采众长，自成一家。翁森认为，一个没有文化的国家不可能繁荣昌盛，也不可能长治久安。他在元世祖至元（1264—1294）年间，于仙居东南崇教里创办安洲书院，以儒家学说教化乡里，并采用朱子在庐山白鹿洞书院制定的学规来管理学生，把书院办得红红火火。他既当山（校）长，又当老师，呕心沥血，滋兰树蕙。跟他读书求学的人，先后累计八百多人，使穷乡僻壤的仙居耕读之风“彬彬称盛”。

翁森除了喜欢读书、教书，还喜欢写作，著有《一瓢稿》。至今尚流传的诗作有《春暮即事》《夏日书怀》等。

【赏析】

《四时读书乐》是一组歌咏读书情趣的诗歌。这组诗共四首，分

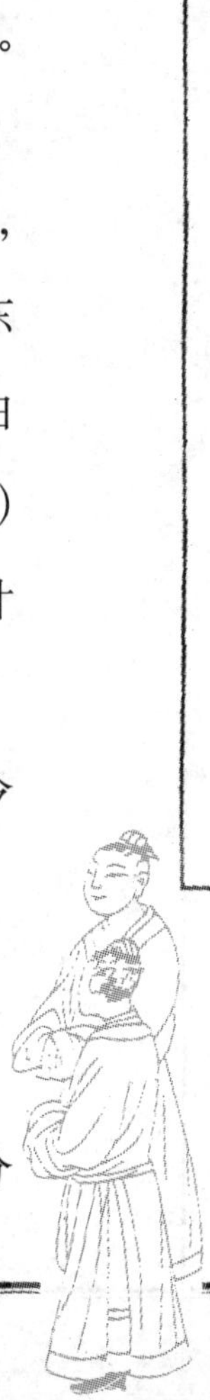

咏春、夏、秋、冬。这四首诗结合当时季节的特征，分别吟咏，章法森严。写春天就写“山光”“春风”“绿草”等意象，夏天写“蝉”“萤”等意象，秋日则写“蟋蟀”“霜天”等意象，冬天则写“雪”“梅”等意象。这样写来，每首诗都有其独特之处，又有相通的地方，整首诗构成了一个完整的整体。整首诗音韵优美，情志高尚。

这组诗歌艺术特色非常突出，虽是劝学，却不以功名利禄为引诱，宣扬那种世俗的读书做官、光宗耀祖的腐朽思想，而是侧重于描述读书的闲适优雅，意境优美，格调向上，是一首流传较广的劝学诗。

全组诗着眼于“雅”，景雅、斋雅、事雅，这些雅事都围绕着“读书”，读书是众多雅事中很有情趣的一种。读书的乐趣来自品味，只要读出趣味来，四季都是读书天。寒来暑往，冬去春来，一年四季，景色各异：春天，湖光山色，花香荡漾；夏天，茂林修竹，绿意盈窗；秋天，明月霜天，万木萧疏；冬日，大雪压庐，梅花傲雪，清茶一壶，围炉而读。在每个季节读书都有其独特的雅趣，情景交融，情趣悠长。

《童　趣[1]》

沈复

余[2]忆[3]童稚[4]时，能张目[5]对日，明察秋毫[6]，见藐[7]小之微物，必细[8]察其纹理，故[9]时有物外[10]之趣。

夏蚊成雷，私[11]拟作群鹤舞空，心之所向，则[12]或[13]千或百，果然鹤也。昂首观之，项为之强[14]。又留蚊于素[15]帐中，徐[16]喷以[17]烟，使[18]其冲烟飞鸣，作[19]青云白鹤观[20]，果如鹤唳[21]云端，怡然[22]称快。

于土墙凹凸处，花台小草丛杂处，余常蹲其身，使与台齐；定神细视，以丛草为林[23]，以虫蚁为兽，以土砾凸者为丘，凹者为壑，神游其中，怡然自得。

一日，见二虫斗草间，观之正浓，忽有庞然大物[24]拔山倒树而来，盖[25]一癞虾蟆[26]也，舌一吐而二虫尽为所吞。余年幼，方[27]出神，不觉呀然惊恐。神定，捉虾蟆，鞭[28]数十，驱之[29]别院。

【注释】

[1] 节选自《浮生六记》（人民文学出版社 2001 年版）。题目是编者加的。

[2] 余：人称代词，我。

[3] 忆：回忆。

[4] 稚：幼小。

[5] 张目：张大眼睛。

[6] 明察秋毫：形容视力好。秋毫，鸟类到了秋天，重新生出来的非常纤细的羽毛，后用来比喻最细微的事物。

[7] 藐：小。

[8] 细：仔细。

[9] 故：所以。

[10] 物外：这里指超出事物本身以外。

[11] 私：私下里，暗暗地。

[12] 则：那么，就。

[13] 或：有时。

[14] 项为之强(jiāng)：脖子因此变僵了。项，颈，脖颈。强，通“僵”，僵硬的意思。

[15] 素：未染色的。

[16] 徐：慢慢地。

[17] 以：用。

[18] 使：让。

[19] 作：当作。

[20] 观：景观。

[21] 唳（lì）：鸟鸣。

[22] 怡然：安适、愉快的样子。然，……的样子。

[23] 以……为……：把……比作……。

[24] 庞然大物：体积庞大的东西，极大的东西。

[25] 盖：原来。

[26]虾(há)蟆：蛤蟆。青蛙和蟾蜍的统称。在古文中，虾相当于“蛤”。

[27]方：正。

[28]鞭：名词用作动词，用鞭子抽打。

[29]驱：驱赶。之：代词，指虾蟆。

【文学常识】

沈复（1763—1822后），字三白，号梅逸，江苏长洲（今江苏苏州）人，清代文学家。著有《浮生六记》，今存前四卷。

据《浮生六记》来看，沈复出身于幕僚家庭，没有参加过科举考试，曾以卖画维持生计。乾隆四十二年（1777），他随父亲到浙江绍兴求学。乾隆四十九年（1784），乾隆皇帝巡江南，沈复随父亲恭迎圣驾。后来到苏州从事酒业。他与妻子陈芸感情甚好，因遭家庭变故，夫妻曾旅居外地，历经坎坷。妻子死后，他去四川充当幕僚。此后情况不明。

《浮生六记》是他的一部自传体作品，系沈复所写的一部回忆录。“浮生”取一生浮荡不定之意，源自李白《春夜宴季弟桃李园序》中“浮生如梦，为欢几何”的感慨。《浮生六记》原有六记，现存《闺房记乐》《闲情记趣》《坎坷记愁》《浪游记快》。后两记《中山记历》《养生记道》已失传。沈复以朴实的文笔记叙了自己大半生的经历，欢愉与愁苦两相对照，真切动人。道光二十九年（1849）王韬曾为此书作跋，称赞此书“笔墨之间，缠绵哀感，一往情深”。中国现代文学大师林语堂曾将《浮生六记》翻译成英文介绍到美国，也得到如俞平伯等名家的赞誉。

【赏析】

这是一篇叙述童年趣事的美文，其核心就是凸现那令人难忘的童真童趣，为此文章以儿童眼光看世界所得“童趣”为主线，按照“总—分”结构组织全文，紧扣一个“趣”字来写。首先总写童年时常有超乎尘世之外的乐趣，其中“明察秋毫，见藐小之微物，必细察其纹理”为下文作张本。然后分说三件趣事：第一件趣事是观蚊如鹤之趣，视飞蚊为“群鹤舞空”，于蚊帐中玩蚊子，“我”感到极其愉快；第二件趣事是神游山林之趣，视小草为林木，虫蚁为走兽，土砾为丘壑，“我”神游其间，怡然自得；第三件趣事是观二虫相斗，“庞然大物”的蛤蟆吃掉了二虫，“我”生气，鞭而驱之。至此，三个分散的小故事就连缀成一个整体，达到形散而神不散的效果。

卖柑者言

刘基

杭有卖果者，善藏柑。涉[1]寒暑不溃[2]，出之烨然[3]，玉[4]质而金色。剖其中，干若败絮[5]。予怪而问之曰：“若[6]所市[7]于人者，将以实[8]笾豆[9]，奉祭祀，供宾客乎？将衒[10]外以惑[11]愚瞽[12]乎？甚矣哉，为[13]欺[14]也！”

卖者笑曰：“吾业[15]是有年矣，吾赖[16]是以食[17]吾躯。吾售之，人取之，未尝有言，而独不足子所乎？世之为欺者不寡矣，而独我也乎？吾子未之思也。今夫[18]佩虎符[19]、坐皋比[20]者，洸洸[21]乎干城之具[22]也，果能授孙、吴[23]之略[24]耶？峨[25]大冠、拖长绅[26]者，昂昂[27]乎庙堂[28]之器[29]也，果能建伊、皋[30]之业[31]耶？盗起[32]而不知御[33]，民困而不知救，吏奸而不知禁，法斁[34]而不知理，坐[35]縻[36]廪粟[37]而不知耻。观其坐高堂，骑大马，醉醇醴[38]而饫[39]肥鲜者，孰不巍巍乎可畏、赫赫[40]乎可象[41]也？又何往而不金玉其外、败絮其中[42]也哉？今子是之不察，而以察吾柑！”

予默默无以应。退而思其言，类东方生[43]滑稽之流[44]。岂其忿世疾邪[45]者耶？而托[46]于柑以讽耶？

【注释】

[1] 涉：经过，经历。

[2] 溃：腐烂，腐败。

[3] 烨（yè）然：光彩鲜明的样子。

[4] 玉：像玉石一样。

[5] 败絮：破败的棉絮。

[6] 若：你。

[7] 市：卖。

[8] 实：填满，装满。

[9] 笾（biān）豆：古代祭祀时盛祭品用的两种器具。笾，竹制的食器。豆，木制、陶制或铜制的食器。

[10] 衒：同“炫”，炫耀，夸耀。

[11] 惑：迷惑，欺骗。

[12] 愚瞽（gǔ）：愚蠢的人和盲人。瞽，盲人。

[13] 为：做。

[14] 欺：欺骗人的事。

[15] 业：以……为职业。

[16] 赖：依赖，依靠。

[17] 食（sì）：同“饲”，这里有供养、养活的意思。

[18] 夫：发语词。

[19] 虎符：虎形的兵符，古代调兵用的凭证。

[20] 皋比（gāo pí）：虎皮，指将军的坐席。比，通“皮”，毛皮。

[21] 洸（guāng）洸：威武的样子。

[22] 干城之具：捍卫国家的将才。干，盾牌，文中意为捍卫。干和城都用以防御。具，将才。

[23] 孙、吴：指古代著名军事家孙武和吴起。

[24]略：谋略。

[25]峨：高高地，指高戴。

[26]拖长绅：拖着长长的腰带。绅，古代士大夫束在外衣上的带子。

[27]昂昂：气宇轩昂的样子。

[28]庙堂：指朝廷。

[29]器：才能，本领，这里指有才能的人。

[30]伊、皋（gāo）：指古代著名政治家伊尹和皋陶。

[31]业：功业。

[32]起：兴起。

[33]御：抵御。

[34]斁（dù）：败坏。

[35]坐：坐在高位的意思，指那些在高位上却不干正事。

[36]糜：通“靡”，浪费。

[37]廪（lǐn）粟：国家发的俸米。

[38]醉醇醴：醉饮美酒。

[39]饫（yù）：饱食。

[40]赫赫：显赫的样子。

[41]象：模仿。

[42]金玉其外、败絮其中：比喻虚有其表，以及外表好而实质坏的人。

[43]东方生：指东方朔。汉武帝时曾任太中大夫，性格诙谐，善于讽谏。

[44]滑稽（古书中读作gǔ jī）之流：指诙谐多讽、机智善辩的人。

[45]忿世疾邪：激愤、痛恨世间邪恶的现象。疾，愤恨。

[46] 托：假托。

【文学常识】

刘基（1311—1375），字伯温，处州青田（今属浙江省）人，元末明初的军事家、政治家、文学家，明朝开国元勋，封诚意伯，谥号“文成”，世称刘青田、刘诚意。后人称他为刘文成、文成公。刘基通经史、晓天文、精兵法。他辅佐朱元璋完成帝业、开创明朝并尽力保持国家的安定。他以神机妙算、运筹帷幄著称于世，被后人比作诸葛武侯。朱元璋多次称刘基为“吾之子房也”。在文学史上，刘基与宋濂、高启并称“明初诗文三大家”，著有《诚意伯刘先生文集》等。中国民间广泛流传着“三分天下诸葛亮，一统江山刘伯温”“前朝军师诸葛亮，后朝军师刘伯温”的说法。

【赏析】

《卖柑者言》是刘基的代表作之一，是一篇脍炙人口的寓言体讽刺散文，通过卖柑者对自己的柑橘“金玉其外，败絮其中”的辩驳，借卖柑者之口，揭露了盗贼蜂起、官吏贪污、法制败坏、民不聊生的社会现实，抨击了当时欺世盗名、贪渎腐败，不为国家办事、不顾人民利益的封建官僚们。从中不难看出作者对统治集团的腐朽无能和社会的黑暗的批判，抒发了作者忧国忧民的情感。后来我们常用“金玉其外，败絮其中”来比喻那些名不副实、徒有其表而无真才实学的人的丑陋嘴脸。

游褒禅山记

王安石

褒禅山亦谓之华山。唐浮图[1]慧褒[2]始舍[3]于其址[4]，而[5]卒葬之[6]；以故[7]其后名[8]之曰“褒禅”。今所谓慧空禅院[9]者，褒之庐冢[10]也。距其院东五里，所谓华山洞者，以其乃[11]华山之阳[12]名之也。距洞百余步，有碑仆道[13]，其文[14]漫灭[15]，独其为文[16]犹可识，曰“花山”。今言“华”如“华实”之“华”者，盖音谬也[17]。

其下平旷，有泉侧出[18]，而记游者甚众，——所谓前洞也。由山以上五六里，有穴窈然[19]，入之甚寒，问其深[20]，则其好游者不能穷[21]也，——谓之后洞。余与四人拥火[22]以入，入之愈深，其进愈难，而其见[23]愈奇。有怠[24]而欲出者，曰：“不出，火且[25]尽。”遂与之俱出。盖余所至，比好游者尚不能十一[26]，然视其左右，来而记之者已少。盖其又深，则其至[27]又加[28]少矣。方是时[29]，余之力尚足以入，火尚足以明[30]也。既其出，则或咎[31]其欲出者，而余亦悔其[32]随之而不得极[33]夫[34]游之乐也。

于是余有叹焉[35]。古人之观于天地、山川、草木、虫鱼、鸟兽，往往有得[36]，以其求思[37]之深而无不在也。夫夷[38]以近，则游者众；险以远，则至者少。而世之奇伟、瑰怪，非常之观[39]，常在于险远[40]，而人之所罕至焉，故非有志者不能至也。有志矣，不随[41]以止也，然力不足者，亦不能至也。有志与力，而又不随以怠，至于[42]幽暗昏惑[43]而无物以相[44]之，亦不能至也。然力足以至焉，于人[45]

为[46]可讥，而在己为有悔；尽吾志也而不能至者，可以无悔矣，其[47]孰[48]能讥之乎？此余之所得也。

余于仆碑，又以悲夫古书之不存，后世之谬其传而莫能名[49]者，何可胜道[50]也哉！此所以学者不可以不深思而慎取[51]之也。

四人者：庐陵萧君圭君玉[52]，长乐王回深父[53]，余弟安国平父、安上纯父[54]。至和元年[55]七月某日，临川王某[56]记。

【注释】

[1]浮图：梵（fàn）语音译词，也写作“浮屠”或“佛图”，本义是佛或佛教徒，这里指和尚。

[2]慧褒：唐代高僧。

[3]舍：名词活用作动词，建舍定居。

[4]址：地基，基部，基址。这里指山脚。

[5]而：连词，并且。

[6]卒葬之：死后葬在那里。

[7]以故：因为（这个）缘故，译为“因此”。

[8]名：命名，名词用作动词。

[9]慧空禅院：寺院名。禅院，佛寺。

[10]庐冢（zhǒng）：古时为了表示孝敬父母或尊敬师长，在他们死后的服丧期间，为守护坟墓而盖的屋舍，也称“庐墓”。这里指慧褒弟子在慧褒墓旁盖的屋舍。庐，屋舍（一说指慧褒生前的屋舍）。冢，坟墓。

[11]乃：表示判断，有“为”“是”的意思。

[12]阳：山的南面。古代称山的南面、水的北面为“阳”，山的北面、水的南面为“阴”。

[13]仆道：“仆于道”的省略，倒在路旁。

[14]文：碑文，与下文“独其为文”的“文”不同。

[15]漫灭：指因风化剥落而模糊不清。

[16]文：文字，这里指的是碑上残存的文字。

[17]今言“华(huā)”如“华(huá)实”之“华(huá)”者，盖音谬也：汉字最初只有“华(huā)”字，没有“花”字，后来有了“花”字，“华”“花”分家，“华”才读为huá[王安石认为碑文上的“花”是按照“华”的古音而写的今字，仍应读huā，而不应读“华(huá奢侈、虚浮)实”的huá]。言，说。盖，承接上文，解释原因，有“大概因为”的意思。谬，错误。

[18]侧出：从旁边涌出。

[19]窈然：深远幽暗的样子。

[20]问：探究，追究。深：形容词用作名词，深度。

[21]穷：穷尽。

[22]拥火：拿着火把。拥，持，拿。

[23]见：动词用作名词，见到的景象。

[24]怠：懈怠。

[25]且：副词，将，将要。

[26]尚：还。不能十一：不及十分之一。不能，不及，不到。

[27]至：动词活用作名词，到达的人。

[28]加：更，更加。

[29]方是时：正当这个时候。方，当、正在。是时，指决定从洞中退出的时候。

[30]明：形容词用作动词，照明。

[31]咎：责怪。

[32]其：第一人称代词，指自己。

[33]极：尽，这里有尽情享受的意思，形容词用作动词。

[34]夫：这，那，指示代词。

[35]于是：对于这种情况。焉：句末语气词。

[36]得：心得，收获。

[37]求思：探求，思索。

[38]夷：平坦。

[39]观：景象，景观。

[40]险远：形容词用作名词，险远的地方。

[41]随：跟随（别人），“随”字后面省略“之”。

[42]至于：这里是抵达、到达的意思，不同于现代汉语用在下文开头，表示提出另一话题。

[43]幽暗昏惑：幽深昏暗、叫人迷乱（的地方）。昏惑，迷乱。

[44]相（xiàng）：帮助，辅助。

[45]于人：在别人（看来）。

[46]为：是。

[47]其：加强反问语气的副词，难道。

[48]孰：谁。

[49]谬其传：把那些（有关的）传说弄错。谬，使……谬误，把……

弄错。莫能名：不能说出真相（一说真名）。

[50] 何可胜道：怎么能说得完。胜，尽。

[51] 慎取：谨慎取舍。

[52] 庐陵：今江西吉安。萧君圭：字君玉。

[53] 长乐：今福建长乐。王回：字深父。父：通“甫”，与下文的“平父”“纯父”中的“父”同。

[54] 安国平父、安上纯父：王安国，字平父。王安上，字纯父。他们都是王安石的弟弟。

[55] 至和元年：公元1054年。至和，宋仁宗的年号。

[56] 王某：王安石。古人作文起稿，写到自己的名字，往往只作“某”，或者在“某”上冠姓，以后在誊写时才把姓名写出。根据书稿编的文集，也常常保留“某”的字样。

【文学常识】

王安石（1021—1086），字介甫，号半山，抚州临川（今江西抚州）人，北宋著名的政治家、文学家、思想家。谥号“文”，故世称王文公。封荆国公，世称“荆公”。王安石积极推行变法，目的在于富国强兵，借以扭转北宋积贫积弱的局势。然而变法触犯了保守派的利益，遭到保守派的反对，最后以失败告终。新法全部被废除，王安石抑郁而终。

王安石为了实现自己的政治理想，把文学创作和政治活动密切地联系起来，强调文学的作用首先在于为社会服务，强调文章的现实功能和社会效果，主张文道合一。他的散文大致贯彻了他的文学主张，揭露时弊、反映社会矛盾，具有较浓厚的政治色彩；短文简洁峻切、

短小精悍。王安石为“唐宋八大家”之一。其诗“学杜得其瘦硬”，擅长于说理与修辞，晚年诗风含蓄深沉，以丰神远韵的风格在北宋诗坛自成一家，世称“王荆公体”。王安石潜心研究经学，著书立说，被誉为“通儒”，创“荆公新学”，促进宋代疑经变古学风的形成。哲学上，用“五行说”阐述宇宙生成，丰富和发展了中国古代朴素唯物主义思想；其哲学命题“新故相除”，把中国古代辩证法推到一个新的高度。有《王文公文集》《临川先生文集》等存世。

【赏析】

1054 年，三十四岁的王安石从舒州通判任上辞职，在回家的路上游览了褒禅山，三个月后以追忆的形式写下了《游褒禅山记》。该文记叙了他和几位同伴游褒禅山所见到的景物，以及游山经过，洞越深，游者越少，而所见之景越奇，但一位友人“怠而欲出”，后作者随大家出洞，不能尽兴，后悔不已。作者写文不只是记叙游山过程，而是以此为喻，说明要实现远大理想，在研究学问上要“深思而慎取”。同时，他也认识到要成功，“志、力、物”缺一不可，但“物”与“力”不可强求，我们能做的只有“尽吾志”。“尽吾志”思想正是王安石后来百折不挠实行变法的思想基础，也是他文章应“有补于世”“以适用为本”思想的具体体现。该篇游记因事见理，夹叙夹议，其中阐述的诸多思想，不仅在当时难能可贵，在当今社会也具有极其深远的现实意义。“世之奇伟、瑰怪，非常之观，常在于险远”更成为世人常用的名言。

烛之武退秦师

晋侯、秦伯[1]围郑，以其无礼于晋[2]，且贰于楚[3]也。晋军函陵[4]，秦军氾南[5]。

佚之狐[6]言于郑伯曰：“国危矣，若使[7]烛之武见秦君，师必退。”公从之。辞[8]曰：“臣之壮也[9]，犹[10]不如人；今老矣，无能为也已[11]。”公曰：“吾不能早用[12]子，今急而求子，是寡人之过也。然郑亡，子亦有不利焉！”许[13]之。

夜缒[14]而出，见秦伯，曰：“秦、晋围郑，郑既知亡矣。若亡郑而有益于君，敢以烦执事[15]。越国以鄙远[16]，君知其难也，焉用亡郑以陪邻[17]？邻之厚，君之薄也[18]。若舍郑以为东道主[19]，行李[20]之往来，共其乏困[21]，君亦无所害。且君尝为晋君赐矣[22]，许君焦、瑕[23]，朝济而夕设版焉[24]，君之所知也。夫晋，何厌[25]之有？既东封郑[26]，又欲肆其西封[27]，若不阙[28]秦，将焉取之？阙秦以利晋，唯君图之。”秦伯说[29]，与郑人盟[30]。使杞子、逢孙、杨孙戍[31]之，乃还。

子犯请击之，公曰：“不可。微夫人之力不及此[32]。因人之力而敝之，不仁[33]；失其所与，不知[34]；以乱易整，不武[35]。吾其还也[36]。”亦去之。

【注释】

[1] 晋侯、秦伯：指晋文公和秦穆公。

[2]以其无礼于晋：指晋文公即位前流亡国外经过郑国时，没有受到应有的礼遇。此句为倒装句，于晋无礼。以，连词，因为。其，代词，它，指郑国。于，介词，对。

[3]且贰于楚：并且从属于晋的同时又从属于楚。且，并且，表递进。贰，从属二主。

[4]晋军函陵：晋军驻扎在函陵。军，名词用作动词，驻军。函陵，郑国地名，在今河南新郑北。

[5]氾（fàn）南：氾水的南面，也属郑地。

[6]佚（yì）之狐：郑国大夫。

[7]使：派。

[8]辞：推辞。

[9]臣之壮也：我壮年的时候。

[10]犹：尚且。

[11]无能为也已：不能干什么了。为，做。已，同“矣”，语气词“了”。

[12]用：任用。

[13]许：答应。

[14]缒（zhuì）：用绳子拴着人（或物）从上往下送。

[15]敢以烦执事：冒昧地拿（亡郑这件事）麻烦您手下的人。这是客气的说法。敢，冒昧地。执事，执行事务的人，对对方的敬称。

[16]越国以鄙远：（然而）越过别国而把远地（郑国）当作边邑。越，越过。鄙，边邑。

[17]焉用亡郑以陪邻：为什么要灭掉郑国而给邻国增加土地呢？焉，何。用，介词，表原因。陪，增加。邻，邻国，指晋国。

[18] 邻之厚，君之薄也：邻国的势力雄厚了，您秦国的势力也就相对削弱了。之，主谓之间取消句子独立性。厚，雄厚。

[19] 若舍郑以为东道主：如果您放弃围攻郑国而把它作为东方道路上（招待过客）的主人。舍，放弃（围郑）。

[20] 行李：古今异义，这里指出使的人。

[21] 共（gōng）其乏困：供给他们缺乏的东西。共，通“供”，供给。其，代指使者。

[22] 尝为晋君赐矣：曾经给予晋君恩惠（指秦穆公曾派兵护送晋惠公回国）。尝，曾经。为，给予。赐，恩惠。为……赐，施恩。

[23] 许君焦、瑕：（晋惠公）许诺给您焦、瑕两城。

[24] 朝济而夕设版焉：指晋惠公早上渡过黄河回国，晚上就修筑防御工事。朝，早晨。济，渡河。设版，修筑防御工事。版，筑土墙用的夹板。

[25] 厌：通“餍”（yán），满足。

[26] 东封郑：在东边让郑国成为晋国的边境。封，疆界，这里作动词用。

[27] 肆其西封：扩展它西边的疆界。指晋国灭郑以后，必将图谋秦国。肆，延伸，扩张。封，疆界。

[28] 阙（quē）：侵损，削减。

[29] 说：“说”同“悦”，喜欢，高兴。

[30] 盟：结盟。

[31] 戍：守卫。

[32] 微夫人之力不及此：假如没有那个人的力量，我是不会到这

个地步的。微，没有。夫人，远指代词，那人，指秦穆公。

[33]因人之力而敝之，不仁：依靠别人的力量，又返回来损害他，这是不仁的。因，依靠。敝，损害。

[34]失其所与，不知：失掉自己的同盟者，这是不明智的。与，结交，亲附。知，通“智”。

[35]以乱易整，不武：用混乱相攻取代联合一致，是不符合武德的。易，代替。武，指使用武力所应遵守的道义准则。整，指一致的步调。不武，不符合武德。

[36]吾其还也：我们还是回去吧。其，还是，表商量或希望的语气。

【文学常识】

《左传》全称为《春秋左氏传》，又名《左氏春秋》，汉朝以后才多称《左传》，是为《春秋》作注解的一部史书，与《公羊传》《穀梁传》合称“春秋三传”，儒家“十三经”之一。它是中国古代最早的一部叙事详尽的编年史书，共三十五卷。相传是春秋末年鲁国史官左丘明根据鲁国国史《春秋》编成，起自鲁隐公元年（前722），迄于鲁悼公十四年（前454）。作者善于将每一场战役都放在大国争霸的背景下展开，对于战争的远因近因、各国关系的分合变化、战前策划、交锋过程、战争影响，以简练而不乏文采的文笔写出，且行文精练、严密有力。这种叙事能力，无论对后来的历史著作还是文学著作，都是具有极重要意义的。它注重故事的生动有趣，常常以较为细致生动的情节，表现人物的形象，情韵并美，文采照耀，是先秦时期最具文学色彩的历史散文。《左传》对后世的《战国策》《史记》的写作风格产生很大影响，形成了文史结合的传统。

【赏析】

中国历史上总是不乏临危受命、力挽狂澜的英雄，当郑国被秦、晋两个大国包围，危在旦夕的时候，郑文公派能言善辩的烛之武前去说服秦穆公。郑国老臣烛之武以大局为重，不计个人恩怨、个人安危，只身出城，潜入敌营，巧妙地勾起秦穆公对秦、晋之间矛盾的记忆，对秦穆公晓以利害，使其意识到保存郑国对秦有利、灭掉郑国对秦不利的道理，终于说服了秦穆公。不仅使秦国退兵，还派兵帮助郑国防晋，而晋文公也不得不撤兵，郑国得以转危为安。这篇文章赞扬了烛之武在国家危难之际，能够临危受命，不避险阻，只身去说服秦君，维护了国家安全的爱国主义精神。同时也反映了春秋时代各诸侯国之间斗争的复杂性。《烛之武退秦师》是非常著名的通过谈判说服，消弭战争，争取和平的成功范例。

报任安书

司马迁

太史公[1]，牛马走[2]，司马迁，再拜言。

少卿足下：曩者[3]辱赐书，教以慎于接物，推贤进士为务。意气勤勤恳恳，若望[4]仆不相师用，而流[5]俗人之言。仆非敢如此也！虽罢驽[6]，亦侧闻[7]长者之遗风矣。顾自以为身残处秽[8]，动而见尤，欲益反损，是以抑郁，而无谁语。谚曰：“谁为为之？孰令听之！”盖钟子期死，伯牙终身不复鼓琴。何则？士为知己用，女为说己容。若仆，大质已亏缺矣，虽才怀随和[9]，行若由夷[10]，终不可以为荣，适足以发笑而自点[11]耳。书辞宜答，会东从上来[12]，又迫贱事，相见日浅，卒卒[13]无须臾之间，得竭指意。今少卿抱不测之罪，涉旬月，迫季冬[14]，仆又薄[15]从上雍[16]，恐卒然不可讳[17]。是仆终已不得舒愤懑以晓左右，则长逝者魂魄私恨无穷。请略陈固陋。阙然久不报，幸勿过。

仆闻之：“修身者，智之符也；爱施者，仁之端也；取予者，义之符也；耻辱者，勇之决也；立名者，行之极也。”士有此五者，然后可以托于世，列于君子之林矣。故祸莫憯于欲利，悲莫痛于伤心，行莫丑于辱先，诟莫大于宫刑[18]。刑余之人，无所比数，非一世也，所从来远矣！昔卫灵公与雍渠同载，孔子适陈[19]；商鞅因景监见，赵良寒心[20]；同子参乘，爰丝变色[21]：自古而耻之！夫以中材之人，事关于宦竖[22]，莫不伤气，况忼慨[23]之士乎！如今朝廷虽乏人，奈何令刀锯之余荐天下豪俊哉！仆赖先人绪业，得待罪[24]辇毂下[25]，二十余年矣。所以自惟[26]：上之，不能纳忠效信，有奇策才力之誉，自结明主；次之，又不能拾遗补阙，招贤进能，显岩穴之士；外之，不能备行伍，攻城野战，有斩将搴[27]旗之功；下之，不能积日累劳，取尊官厚禄，以为宗族交游光宠。四者无一遂，苟合取容，无所短长之效，可见于此矣。乡[28]者仆亦尝厕[29]下大夫[30]之列，陪外廷[31]末议[32]。不以此时引维纲[33]，尽思虑，今已亏形，为扫除之隶，在阘茸[34]之中，乃欲卬[35]首信[36]眉，论列是非，不亦轻朝廷羞当世之士邪！嗟乎！嗟乎！如仆，尚何言哉！

且事本末未易明也。仆少负不羁之才，长无乡曲[37]之誉。主上幸以先人之故，使得奉薄伎，出入周卫[38]之中。仆以为戴盆何以望天[39]？故绝宾客之知，忘室家之业，日夜思竭其不肖之才力，务一心营职，以求亲媚于主上。而事乃有大谬不然者！

夫仆与李陵[40]，俱居门下[41]，素非能相善也。趣舍[42]异路，未尝衔杯酒[43]接殷勤之欢。然仆观其为人自奇士，事亲孝，与士信，临财廉，取予义，分别有让，恭俭下人。常思奋不顾身，以徇国家之急。其素所蓄积也，仆以为有国士之风。夫人臣出万死不顾一生之计，赴公家之难，斯已奇矣。今举事一不当，而全躯保妻子之臣，随而媒孽[44]其短，仆诚私心痛之！且李陵提步卒不满五千，深践戎马之地，足历王庭[45]，垂饵虎口，横挑彊[46]胡。卬[47]亿万之师，与单于连战十有余日，所杀过当，虏救死扶伤不给，旃[48]裘之君长咸震怖，乃悉征其左右贤王[49]，举引弓之民，一国共攻而围之。转斗千里，矢尽道穷，救兵不至，士卒死伤如积。然陵一呼劳军，士无不起躬流涕，沬[50]血饮泣，张空弮[51]，

冒白刃，北首争死敌。陵未没时，使有来报，汉公卿王侯皆奉觞上寿[52]。后数日陵败，书闻，主上为之食不甘味，听朝不怡。大臣忧惧，不知所出。仆窃不自料其卑贱，见主上惨凄怛[53]悼，诚欲效其款款[54]之愚。以为李陵素与士大夫[55]绝甘[56]分少[57]，能得人之死力，虽古之名将不过也。身虽陷败彼，观其意，且欲得其当而报于汉；事已无可奈何，其所摧败，功亦足以暴于天下。仆怀欲陈之，而未有路。适会召问，即以此指，推言陵功，欲以广主上之意，塞睚眦[58]之辞。未能尽明，明主不深晓，以为仆沮[59]贰师[60]，而为李陵游说，遂下于理[61]。拳拳之忠终不能自列，因为诬上，卒从吏议。家贫，财赂不足以自赎。交游莫救，左右亲近不为一言。身非木石，独与法吏为伍，深幽囹圄之中，谁可告愬者！此正少卿所亲见，仆行事岂不然乎？李陵既生降，聩[62]其家声，而仆又茸[63]以蚕室[64]，重为天下观笑。悲夫！悲夫！事未易一二为俗人言也。

仆之先人，非有剖符丹书[65]之功，文史星历[66]，近乎卜祝之间，固主上所戏弄，倡优畜之，流俗之所轻也。假令仆伏法受诛，若九牛亡一毛，与蝼蚁何异？而世又不与能死节者比，特以为智穷罪极，不能自免，卒就死耳。何也？素所自树立使然也。人固有一死，死，有重于泰山，或轻于鸿毛，用之所趋异也。太上，不辱先；其次，不辱身；其次，不辱理色；其次，不辱辞令；其次，诎体受辱；其次，易服[67]受辱；其次，关木索、被箠楚受辱；其次，剔毛发、婴[68]金铁受辱；其次，毁肌肤、断肢体受辱；最下，腐刑极矣！传曰：“刑不上大夫。”此言士节不可不厉也。猛虎处深山，百兽震恐，及其在阱槛之中，摇尾而求食，积威约之渐也。故士有画地为牢，势不入；削木为吏，议不对；定计于鲜[69]也。今交手足，受木索，暴肌肤，受榜箠[70]，幽于圜墙之中。当此之时，见狱吏则头枪[71]地，视徒隶则心惕息[72]。何者？积威约之势也。及已至此，言不辱者，所谓强颜耳，曷足贵乎！且西伯[73]，伯也，拘牖里[74]；李斯[75]，相也，具五刑[76]；淮阴[77]，王也，受械于陈[78]；彭越[79]、张敖[80]，南面称孤，系狱具罪；绛侯[81]诛诸吕，权倾五伯[82]，囚于请室[83]；魏其[84]，大将也，衣赭、关三木[85]；季布[86]为朱家钳奴；灌夫受辱于居室[87]。此人皆身至王侯将相，声闻邻国，及罪至罔[88]加，不能引决自财，在尘埃之中。古今一体，安在其不辱也！由此言之，勇怯，势也；强弱，形也。审矣！曷足怪乎？且人不能蚤自财绳墨之外，已稍陵夷，至于鞭箠之间，乃欲引节，斯不亦远乎！古人所以重施刑于大夫者，殆为此也。

夫人情莫不贪生恶死，念亲戚，顾妻子，至激于义理者不然，乃有所不得已也。今仆不幸蚤失二亲，无兄弟之亲，独身孤立。少卿视仆于妻子何如哉？且勇者不必死节，怯夫慕义，何处不勉焉。仆虽怯懦，欲苟活，亦颇识去就之分矣，何至自湛溺累绁[89]之辱哉！且夫臧获[90]婢妾，犹能引决，况若仆之不得已乎？所以隐忍苟活，函粪土之中而不辞者，恨私心有所不尽，鄙没世而文采不表于后也。

古者富贵而名摩灭，不可胜记，唯俶傥非常之人称焉。盖西伯拘，而演《周易》[91]；仲尼厄，而作《春秋》[92]；屈原放逐，乃赋《离骚》[93]；左丘失明，厥有《国语》[94]；孙子膑脚，《兵法》修列[95]；不韦迁蜀，世传《吕览》[96]；韩非囚秦，《说难》《孤愤》[97]；《诗》三百篇，大底圣贤发愤之所为作也。此人皆意有所郁结，不得通其道，故述往事、思来者。及如左丘无目，孙子断足，终不可用，退论书策，以舒其愤，

思垂空文以自见。

仆窃不逊，近自托于无能之辞，网罗天下放失[98]旧闻，考之行事，稽其成败兴坏之纪，上计轩辕，下至于兹，为十表、本纪十二、书八章、世家三十、列传七十，凡百三十篇。亦欲以究天人之际，通古今之变，成一家之言。草创未就，适遭此祸，惜其不成，是以就极刑而无愠色。仆诚已著此书，藏之名山，传之其人，通邑大都，则仆偿前辱之责，虽万被戮，岂有悔哉？然此可为智者道，难为俗人言也。

且负下未易居，下流多谤议。仆以口语遇遭此祸，重为乡党戮笑[99]，污辱先人，亦何面目复上父母之丘墓乎？虽累百世，垢弥甚耳！是以肠一日而九回[100]，居则忽忽若有所亡，出则不知其所如往。每念斯耻，汗未尝不发背沾衣也。身直为闺阁之臣[101]，宁得自引深藏于岩穴邪？故且从俗浮沉，与时俯仰，以通其狂惑。今少卿乃教以推贤进士，无乃与仆之私指谬乎？今虽欲自雕琢[102]，曼辞以自解，无益于俗，不信，祗取辱耳。要之死日，然后是非乃定。书不能悉意，故略陈固陋。谨再拜。

【注释】

[1]太史公：西汉武帝时期设立的官职名称。《史记》中的“太史公”，有的是指他父亲司马谈，有的是指他自己，皆以职称。

[2]牛马走：谦词，意为像牛马一样奔走。走，义同“仆”。

[3]曩（nǎng）者：从前。

[4]望：埋怨。

[5]流：流转、迁移的意思。

[6]罢驽：比喻才能低下。罢，同“疲”。驽，劣马。

[7] 侧闻：从旁听说。犹言“伏闻”，自谦之词。

[8] 身残处秽：指因受宫刑而身体残缺，兼与宦官贱役杂处。

[9] 随和：随侯之珠与和氏之璧，是战国时的珍贵宝物。

[10] 由夷：许由和伯夷，两人都是西周早期被推为品德高尚的人。

[11] 点：玷污。

[12] 会东从上来：太始四年（前 93）三月，汉武帝东巡泰山；四月，又到海边的不其山；五月间返回长安。司马迁从驾而行。

[13] 卒卒：同“猝猝”，匆匆忙忙的样子。

[14] 季冬：冬季的第三个月，即十二月。汉律规定每年十二月处决囚犯。

[15] 薄：同“迫”。

[16] 雍：地名，在今陕西凤翔南，设有祭祀五帝的神坛五畤。据《汉书·武帝纪》：“太始四年冬十二月，行幸雍，祠五畤。”本文当作于是年，司马迁五十三岁。

[17] 不可讳：死的委婉说法。任安这次下狱，后被汉武帝赦免。但两年之后，任安因戾太子事件被处腰斩。

[18] 宫刑：一种破坏男性生殖器的刑罚，也称“腐刑”。

[19] 卫灵公与雍渠同载，孔子适陈：春秋时，卫灵公和夫人乘车出游，让宦官雍渠同车，而让孔子坐后面一辆车。孔子深以为耻，就离开了卫国。这里说“适陈”，未详。

[20] 商鞅因景监见，赵良寒心：商鞅得到秦孝公的支持变法革新。景监是秦孝公宠信的宦官，曾向秦孝公推荐商鞅。赵良是秦孝公的臣子，与商鞅政见不同。

[21] 同子参乘，爰丝变色：同子指汉文帝的宦官赵谈，因为与司马迁的父亲司马谈同名，避讳而称“同子”。爰，同“袁”。爰丝即袁丝，亦即袁盎，汉文帝时任郎中。据载，文帝坐车去看他母亲时，宦官陪乘，袁盎伏在车前说：“臣闻天子所与共六尺舆者，皆天下豪英，今汉虽乏人，奈何与刀锯之余共载？”于是文帝只得依言令赵谈下车。

[22] 竖：供役使的小臣。后泛指卑贱者。

[23] 忼慨：即“慷慨”。

[24] 待罪：做官的谦词。

[25] 辇毂下：皇帝的车驾之下。代指京城长安。

[26] 惟：思考。

[27] 搴（qiān）：拔取。

[28] 乡：通“向”。

[29] 厕：参加。

[30] 下大夫：太史令官位较低，属下大夫。

[31] 外廷：汉制，凡遇疑难不决之事，则令群臣在外廷讨论。

[32] 末议：微不足道的意见。“陪外廷末议”是谦词。

[33] 维纲：国家的法令。

[34] 阘茸（tà róng）：下贱，低劣。

[35] 卬：同“昂”，抬起，扬起。

[36] 信：同“伸”，舒展。

[37] 乡曲：乡里。汉文帝为了知晓自己治理天下的得失，诏令各地“举贤良方正能直言切谏者”，亦即有乡曲之誉者，选以授官，此句言司马迁未能由此途径入仕。

[38]周卫：周密的护卫，即宫禁。

[39]戴盆何以望天：当时的谚语，形容忙于职守，识见浅陋，无暇他顾。

[40]李陵：字少卿，生活在汉武帝在位年间，西汉名将李广之孙，善骑射，官至骑都尉，率兵出击匈奴贵族，战败投降，封右校王。后病死匈奴。

[41]俱居门下：司马迁曾与李陵同在“侍中曹”（官署名）内任侍中。

[42]趣舍：向往和废弃。趣，同“趋”。

[43]衔杯酒：在一起喝酒。指私人交往。

[44]媒孽：也作“媒糵”。比喻酿成其罪、构陷他人。

[45]王庭：匈奴单于的居处。

[46]彊：同“强”。

[47]卬：即“仰”，仰攻。当时李陵军被围困谷地。

[48]旃：毛织品。《史记·匈奴列传》：“自君王以下，咸食畜肉，衣其皮革，被旃裘。”

[49]左右贤王：左贤王和右贤王，匈奴封号最高的贵族。

[50]沬：以手掬水洗脸。

[51]拳：强硬的弓弩。

[52]上寿：这里指祝捷。

[53]怛：悲痛。

[54]款款：忠诚的样子。

[55]士大夫：此指李陵的部下将士。

[56]绝甘：舍弃甘美的食品。

[57] 分少：即使所得甚少也平分给众人。

[58] 睚眦：怒目相视。

[59] 沮：毁坏。

[60] 贰师：贰师将军李广利，汉武帝宠妃李夫人之兄。李陵被围时，李广利并未率主力救援，致使李陵兵败。其后司马迁为李陵辩解，武帝以为他有意诋毁李广利。

[61] 理：掌司法之官。

[62] 聩：坠毁。李陵是名将之后，据《史记·李将军列传》记载：“单于既得陵，素闻其家声，及战又壮，乃以其女妻陵而贵之……自是之后，李氏名败……”

[63] 茸：推置其中。

[64] 蚕室：温暖密封的房子。言其像养蚕的房子。初受腐刑的人怕风，故须住此。

[65] 剖符：把竹做的契约一剖为二，皇帝与大臣各执一块，上面写着同样的誓词，说永远不改变立功大臣的爵位。丹书：把誓词用丹砂写在铁制的契券上。凡持有剖符、丹书的大臣，其子孙犯罪可获赦免。

[66] 文史星历：史籍和天文历法之学都属太史令掌管。

[67] 易服：换上罪犯的服装。古代罪犯穿赭（深红）色的衣服。

[68] 婴：系、戴。

[69] 鲜：态度鲜明。

[70] 榜：鞭打。箠：竹棒，此处用作动词。

[71] 枪：同“抢”，触、撞。

[72] 惕息：胆战心惊。

[73] 西伯：即周文王，为西方诸侯之长。

[74] 牖里：在今河南省汤阴县，周文王曾被殷纣王囚禁于此。

[75] 李斯：秦始皇时任丞相，后因秦二世听信赵高谗言，受五刑，腰斩于咸阳。

[76] 五刑：秦汉时五种刑罚，见《汉书·刑法志》："当三族者，皆先黥劓，斩左右趾，笞杀之。枭其首，菹其骨肉于市。其诽谤詈诅者，又先断舌，故谓之具五刑。"

[77] 淮阴：指淮阴侯韩信。

[78] 受械于陈：汉立，淮阴侯韩信被刘邦封为楚王，都下邳（今江苏邳州市）。后高祖疑其谋反，用陈平之计在陈（楚地）逮捕了他。械，拘禁手足的木制刑具。

[79] 彭越：汉高祖的功臣，封梁王。

[80] 张敖：汉高祖的功臣，张耳的儿子，袭父爵为赵王。彭越和张敖都因被人诬告称孤谋反，下狱定罪。

[81] 绛侯：汉初功臣周勃，封绛侯。惠帝和吕后死后，吕后家族中吕产、吕禄等人谋夺汉室，周勃和陈平一起定计诛诸吕，迎立刘邦之子刘恒为文帝。

[82] 五伯：即春秋时"五霸"。

[83] 请室：犯罪大臣等待判决的地方。周勃后被人诬告谋反，囚于狱中。

[84] 魏其：大将军窦婴，汉景帝时被封为魏其侯。武帝时，他营救灌夫，被人诬告，下狱判处死罪。

[85] 三木：头枷、手铐、脚镣。

[86]季布：楚霸王项羽的大将，曾多次打击刘邦。项羽败死，刘邦出重金缉捕季布。季布改名换姓，受髡刑和钳刑，卖身给鲁人朱家为奴，借以藏身。

[87]灌夫：汉景帝时为郎中将，武帝时官太仆。因得罪了丞相田蚡，被囚于居室，后受诛。居室：少府所属的官署。

[88]罔：通“网”，法网。

[89]累绁：捆绑犯人的绳子，引申为捆绑、囚禁。

[90]臧获：奴曰臧，婢曰获。古人骂奴婢的称呼。

[91]盖西伯拘，而演《周易》：传说周文王被殷纣王拘禁在牖里时，把古代的八卦推演为六十四卦。

[92]仲尼厄，而作《春秋》：孔丘周游列国宣传儒道，在陈地和蔡地受到围攻和绝粮之苦，返回鲁国作《春秋》一书。

[93]屈原放逐，乃赋《离骚》：屈原曾两次被楚王放逐，幽愤而作《离骚》。

[94]左丘失明，厥有《国语》：春秋时鲁国史官左丘明，失明后才著《国语》。《国语》，史书，相传为左丘明著。

[95]孙子膑脚，《兵法》修列：春秋战国时著名军事家孙膑。孙子被割去膑骨（膝盖骨）后，才写了《孙膑兵法》。孙膑曾与庞涓一起跟从鬼谷子学习兵法。后庞涓为魏惠王将军，自以为不及孙膑，骗膑入魏，割去了他的膑骨。孙膑有《孙膑兵法》传世。

[96]不韦迁蜀，世传《吕览》：吕不韦，生年不详，卒于公元前235年，战国末年大商人，秦初为相国。曾命门客著《吕氏春秋》（一名《吕览》）。始皇十年，令吕不韦举家迁蜀，吕不韦自杀。此是说，

不韦有罪迁蜀后，《吕览》始流布于世。

[97] 韩非囚秦，《说难》《孤愤》：韩非是战国后期韩国的公子，曾从荀卿学，入秦被李斯所谗，下狱死。著有《韩非子》，《说难》《孤愤》是其中的两篇。

[98] 失：读为“佚”，散失。

[99] 戮笑：辱笑。

[100] 九回：九转。形容痛苦之极。

[101] 直为闺阁之臣：简直像做了宦官。闺阁之臣，指宦官。闺、阁都是宫中小门，代指皇帝内廷深密之地。

[102] 雕琢：修饰，美化。这里指自我妆饰。意思是指用推贤进士的行动来遮盖自己的耻辱。

【文学常识】

司马迁生于公元前约 145 年或公元前 135 年，卒年不详。西汉史学家、文学家、思想家。字子长，夏阳（今陕西韩城南）人，司马谈之子。早年遍游南北，考察风俗，采集传说。初任郎中，元封三年（前 108）继父职，任太史令，太初元年（前 104）与唐都、落下闳等共订太初历，对历法进行改革。后因对李陵军败降匈奴事有所辩解，得罪下狱、受腐刑。出狱后任中书令，发愤继续完成所著史籍。人称其书为《太史公书》，后称《史记》，是中国最早的通史。此书开创了纪传体史书的形式，书中不少传记语言生动，形象鲜明，是优秀的文学作品，对后世史学与文学都有深远的影响。怀疑天能赏善罚恶的神学观点，认为社会发展即人们对“利”的追求，谋利是人的天性。还提

出“人富而仁义附焉”，试图以经济生活说明社会道德。

【赏析】

《报任安书》堪称古代散文中的名篇。在写给好友任安的这封信中，司马迁以申辩自己为何不能“推贤进士”为主线，怀着激愤的心情倾诉自己无端受宫刑的冤屈，用哀而不伤的语调吐露自己遭受奇耻大辱后的伤痛，并揭示了自己何以忍辱苟活的深层原因，以及面对苦难与挫折如何做出生命的抉择。死亡，并不可怕，可怕的是死得没有价值，司马迁的生命注定选择的是“重于泰山”这条道路。这篇激切感人的至情之文，集议论、抒情、叙事于一体，叙事简洁，每一叙事都为议论铺垫，议论之中又清晰可见作者的情感。大量的铺排与典故，与作者慷慨激昂的陈述、淋漓尽致的情感宣泄相得益彰，文章字字含泪，声声诉衷肠，气贯长虹，前人言其“感慨啸歌有燕赵烈士之风，忧愁幽思则又直与《离骚》对垒”，无怪矣。

秋日登洪府滕王阁饯别序

王勃

豫章[1]故[2]郡，洪都[3]新府；星分翼轸[4]，地接衡[5]庐[6]。襟[7]三江[8]而带[9]五湖[10]，控蛮荆[11]而引[12]瓯越[13]。物华天宝[14]，龙光射牛斗之墟[15]；人杰地灵[16]，徐孺[17]下陈蕃之榻。雄州[18]雾列[19]，俊采[20]星驰。台隍枕[21]夷夏之交，宾主尽[22]东南之美[23]。都督[24]阎公[25]之雅望[26]，棨戟[27]遥临；宇文新州[28]之懿范[29]，襜帷[30]暂驻。十旬休假[31]，胜友[32]如云；千里逢迎，高朋满座。腾蛟起凤[33]，孟学士之词宗[34]；紫电青霜[35]，王将军之武库[36]。家君作宰[37]，路出名区[38]；童子何知，躬逢胜饯[39]。

时维[40]九月，序[41]属三秋[42]；潦水[43]尽而寒潭清，烟光凝而暮山紫。俨[44]骖騑[45]于上路[46]，访风景于崇阿[47]。临[48]帝子[49]之长洲[50]，得天人之旧馆[51]。层峦耸翠，上出重霄；飞阁流丹[52]，下临无地。鹤汀凫渚[53]，穷岛屿之萦回；桂殿兰宫，即冈峦之体势[54]。

披[55]绣闼[56]，俯雕甍[57]。山原旷其盈视[58]，川泽纡其骇瞩[59]。闾阎[60]扑[61]地，钟鸣鼎食[62]之家；舸舰迷津，青雀黄龙[63]之舳[64]。云销[65]雨霁[66]，彩[67]彻区明。落霞与孤鹜齐飞，秋水共长天一色[68]。渔舟唱晚，响穷[69]彭蠡[70]之滨；雁阵惊寒，声断衡阳之浦[71]。

遥襟甫畅，逸兴遄飞[72]。爽籁[73]发而清风生，纤歌凝而白云遏[74]。睢园绿竹，气凌彭泽之樽[75]；邺水[76]朱华[77]，光照临川之笔[78]。四美[79]具，二难[80]并。穷睇眄于中天[81]，极娱游于暇日。天高地迥，觉宇宙[82]

之无穷；兴尽悲来，识盈虚之有数[83]。望长安于日下，目吴会于云间[84]。地势极而南溟[85]深，天柱[86]高而北辰[87]远。关山[88]难越，谁悲[89]失路[90]之人；萍水相逢，尽是他乡之客。怀帝阍[91]而不见，奉宣室[92]以何年。嗟乎！时运不齐，命途多舛；冯唐易老[93]，李广难封[94]。屈贾谊于长沙[95]，非无圣主[96]；窜梁鸿[97]于海曲，岂乏明时[98]。所赖君子见机[99]，达人[100]知命。老当益壮[101]，宁移白首之心；穷且益坚，不坠[102]青云之志[103]。酌贪泉而觉爽[104]，处涸辙[105]而相欢。北海虽赊，扶摇可接[106]；东隅已逝，桑榆非晚[107]。孟尝[108]高洁，空余报国之情；阮籍[109]猖狂，岂效穷途之哭！

勃，三尺[110]微命[111]，一介书生。无路请缨，等[112]终军[113]之弱冠；有怀投笔[114]，爱宗悫[115]之长风。舍簪笏[116]于百龄[117]，奉晨昏[118]于万里。非谢家之宝树[119]，接孟氏之芳邻[120]。他日趋庭，叨陪鲤对[121]；今兹捧袂[122]，喜托龙门[123]。杨意不逢，抚凌云而自惜[124]；钟期既遇，奏流水以何惭[125]。呜乎！胜地不常[126]，盛筵难再；兰亭已矣，梓泽[127]丘墟。临别赠言[128]，幸承恩于伟饯；登高作赋，是所望于群公。敢竭鄙怀，恭疏短引[129]；一言均赋[130]，四韵俱成[131]。请洒潘江，各倾陆海云尔[132]。

【注释】

[1]豫章：汉郡名。滕王阁在今江西省南昌市。南昌，为汉豫章郡治。唐代宗当政之后，为了避讳唐代宗的名（李豫），“豫章故郡”被替换为“南昌故郡”。所以现在滕王阁内的石碑以及苏轼的手书都作“南昌故郡”。

[2] 故：以前的。

[3] 洪都：汉豫章郡，唐改为洪州，设都督府。

[4] 星分翼轸：古人习惯以天上星宿与地上区域对应，称为“某地在某星之分野”。据《晋书·天文志》，豫章属吴地，吴越扬州当牛、斗二星的分野，与翼、轸二星相邻。翼、轸，星宿名，属二十八宿。

[5] 衡：衡山，此代指衡州（治所在今湖南衡阳）。

[6] 庐：庐山，此代指江州（治所在今江西九江）。

[7] 襟：以……为襟。因豫章在三江上游，如衣之襟，故称。

[8] 三江：泛指长江中下游的江河。

[9] 带：以……为带。因五湖在豫章周围，如衣束身，故称。

[10] 五湖：一说指太湖、鄱阳湖、青草湖、彭蠡湖、洞庭湖，又一说指菱湖、游湖、莫湖、贡湖、胥湖，皆在鄱阳湖周围，与鄱阳湖相连。以此借指南方大湖的总称。

[11] 蛮荆：古楚地，这里泛指今湖北、湖南一带。

[12] 引：连接。

[13] 瓯越：古越地，即今浙江地区。古东越王建都于东瓯（今浙江永嘉），境内有瓯江。

[14] 物华天宝：地上的宝物焕发为天上的宝气。

[15] 龙光射牛斗之墟：龙光，指宝剑的光辉。牛、斗，星宿名。墟，所在之处。据《晋书·张华传》，晋初，牛、斗二星之间常有紫气照射。张华请教精通天象的雷焕，雷焕称这是宝剑之精，上彻于天。张华命雷焕为丰城令寻剑，果然在丰城（今江西丰城，古属豫章郡）牢狱的地下，掘地四丈，得一石匣，内有龙泉、太阿二剑。后这对宝剑入水

化为双龙。

[16]杰：俊杰，豪杰。灵：灵秀。

[17]徐孺：徐孺子的简称。徐孺子名稚，东汉豫章南昌人，当时的隐士。据《后汉书·徐稚传》，东汉名士陈蕃为豫章太守，不接宾客，唯徐稚来访时才设一睡榻，徐稚去后又悬置起来。

[18]雄州：大州。这里泛指洪州辖区内的大都会。

[19]雾列：形容繁华。雾，像雾一样，名词作状语，比喻浓密、繁盛。

[20]采：采同“寀”，官员。这里指人才。

[21]台隍：亭台。枕：占据，地处。

[22]尽：都是。

[23]东南之美：泛指各地的英雄才俊。会稽就是今天的绍兴，后用“东箭南金”泛指各地的英雄才俊。

[24]都督：掌管督察诸州军事的官员，唐代分上、中、下三等。

[25]阎公：名不详，时任洪州都督。

[26]雅望：崇高声望。

[27]棨戟（qǐ jǐ）：外有赤黑色缯做套的木戟，古代大官出行时用。这里代指仪仗。

[28]宇文新州：复姓宇文的新州（在今广东境内）刺史，名未详。

[29]懿范：好榜样。

[30]襜帷：车上的帷幕。这里代指刺史所乘的车马。

[31]十旬休假：唐制，十日为一旬，遇旬日则官员休沐，称为“旬休”。

[32]胜友：才华出众的友人。

[33]腾蛟起凤：宛如蛟龙腾跃、凤凰起舞，形容人很有文采。《西京杂记》说董仲舒梦蛟龙入怀，乃作《春秋繁露》。又说扬雄著《太玄》，梦见自己吐出凤凰，飞集书上。

[34]词宗：文坛宗主。也可能是指南朝文学家、史学家沈约。

[35]紫电青霜：《中华古今注》说吴大帝孙权有宝剑六柄，其二名紫电。《西京杂记》云，汉高祖（刘邦）斩白蛇剑，每十二年一加磨，锋刃光若霜雪。

[36]武库：武器库。借指军事家胸中的韬略。

[37]家君作宰：指王勃之父担任交趾县的县令。

[38]路出名区：（自己因探望父亲）路过这个有名的地方（指洪州）。

[39]童子何知，躬逢胜饯：年幼无知，（却有幸）参加这场盛大的宴会。

[40]维：在。又有一说此字为语气词，不译。

[41]序：时序（春夏秋冬）。

[42]三秋：古人称七、八、九月分别为孟秋、仲秋、季秋，三秋即季秋，九月。此句被前人誉为“写尽九月之景”。

[43]潦水：雨后的积水。

[44]俨：整齐的样子。

[45]骖騑：驾车的马匹。

[46]上路：高高的道路。

[47]崇阿：高大的山陵。

[48]临：到。

[49]帝子：指滕王李元婴。

[50] 长洲：滕王阁前赣江中的沙洲。

[51] 天人：也指滕王李元婴，有版本为“得仙人之旧馆”。旧馆：指滕王阁。

[52] 飞阁流丹：飞檐涂饰红漆。有版本为“飞阁翔丹”。飞阁，架空建筑的阁道。流，形容彩画鲜艳欲滴。丹，丹漆，泛指彩绘。

[53] 鹤汀凫渚：鹤所栖息的水边平地，野鸭聚处的小洲。汀，水边平地。凫，野鸭。渚，水中小洲。

[54] 即冈峦之体势：依着山岗的形式（而高低起伏）。

[55] 披：开。

[56] 绣闼：绘饰华美的门。

[57] 雕甍（méng）：雕饰华美的屋脊。

[58] 盈视：极目远望，满眼都是。

[59] 骇瞩：对所见的景物感到惊骇。

[60] 闾阎：里门。这里代指房屋。

[61] 扑：满。

[62] 钟鸣鼎食：古代贵族鸣钟列鼎而食，所以用“钟鸣鼎食”指代名门望族。

[63] 青雀黄龙：船的装饰形状，船头做成鸟头形、龙头形。

[64] 舳：船尾把舵处。这里代指船只。

[65] 销：通“消”，消散。

[66] 霁：雨过天晴。

[67] 彩：日光。

[68] 落霞与孤鹜齐飞，秋水共长天一色：化用庾信《马射赋》：“落

花与芝盖齐飞，杨柳共春旗一色。”一说，霞为一种小飞蛾，落的意思为孤单，意为孤单的飞蛾与孤独的野鸭一起飞翔，自有一种孤寂之情。

[69] 穷：穷尽，引申为“直到”。

[70] 彭蠡：古代大泽，即今鄱阳湖。

[71] 浦：水边，岸边。

[72] 遥襟甫畅，逸兴遄飞：登高望远，胸怀顿时舒畅，超逸的兴致迅速升起。遥，远望。襟，胸襟。甫，顿时。畅，舒畅。兴，兴致。遄，迅速。

[73] 爽籁：清脆的排箫音乐。籁，管子参差不齐的排箫。

[74] 白云遏：形容音响优美，能驻行云。《列子·汤问》：“薛谭学讴于秦青，未穷青之技，自谓尽之；遂辞归。秦青弗止，饯于郊衢。抚节悲歌，声振林木，响遏行云。”

[75] 睢园绿竹，气凌彭泽之樽：今日盛宴好比当年梁园雅集，大家酒量也胜过陶渊明。

[76] 邺水：在邺下（今河北临漳）。邺下是曹魏兴起的地方，曹植在此作《公宴诗》。

[77] 朱华：荷花。曹植《公宴诗》：“秋兰被长坂，朱华冒绿池。”

[78] 光照临川之笔：临川，郡名，治所在今江西抚州，这里代指谢灵运。谢灵运曾任临川内史，《宋书》本传称他“文章之美，江左莫逮”。

[79] 四美：指良辰、美景、赏心、乐事。另一说，四美即音乐、饮食、文章、言语之美。刘琨《答卢谌》：“音以赏奏，味以殊珍，文以明言，言以畅神。之子之往，四美不臻。”

[80] 二难：指贤主、嘉宾难得。

[81] 穷睇眄于中天：极目远望天空。睇眄，看。中天，长天。

[82] 宇宙：喻指天地。

[83] 识盈虚之有数：知道万事万物的消长兴衰是有定数的。

[84] 望长安于日下，目吴会于云间：意谓远谪南行，回望京都，如在天上。

[85] 南溟：南方的大海。

[86] 天柱：传说中昆仑山高耸入天的铜柱。

[87] 北辰：北极星，比喻国君。《论语·为政》：“为政以德，譬如北辰，居其所而众星共之。”

[88] 关山：险关和高山。

[89] 悲：同情，可怜。

[90] 失路：仕途不遇。

[91] 帝阍：天帝的守门人。屈原《离骚》：“吾令帝阍开关兮，倚阊阖而望予。”此处借指皇帝的宫门。

[92] 奉宣室：代指入朝做官。贾谊迁谪长沙，四年后，汉文帝复召他回长安，于宣室中问鬼神之事。宣室，汉未央宫的正殿，为皇帝召见大臣议事之处。

[93] 冯唐易老：冯唐在汉文帝、汉景帝时不被重用，汉武帝时被举荐，已是九十多岁。《史记·张释之冯唐列传》曰：“唐以孝著，为中郎署长，事文帝……而拜唐为车骑都尉，主中尉及郡国车士。七年，景帝立，以唐为楚相，免。武帝立，求贤良，举冯唐。唐时年九十余，不能复为官。”

[94]李广难封：李广，汉武帝时名将，多次与匈奴作战，军功卓著，却始终未获封爵。

[95]屈贾谊于长沙：贾谊在汉文帝时被贬为长沙王太傅。

[96]圣主：指汉文帝，泛指圣明的君主。

[97]梁鸿：东汉章帝时高士，作诗讽刺朝廷，因此得罪汉章帝，避居吴中。

[98]明时：指汉章帝时代，泛指圣明的时代。

[99]机：通“几”，预兆，细微的征兆。

[100]达人：通达事理的人。

[101]老当益壮：年纪虽大，但志气更旺盛，干劲更足。

[102]坠：坠落。引申为“放弃”。

[103]青云之志：高尚的志向。

[104]酌贪泉而觉爽：贪泉，在广州附近的石门，传说饮此水会贪得无厌。东晋时，廉吏吴隐之喝下此水操守反而更加坚定。据《晋书·吴隐之传》，廉官吴隐之赴广州刺史任，饮贪泉之水，并作诗说：“古人云此水，一歃怀千金。试使（伯）夷（叔）齐饮，终当不易心。”

[105]处涸辙：处于干涸的车辙，比喻困厄的处境。

[106]北海虽赊，扶摇可接：赊，远。语意本自《庄子·逍遥游》。

[107]东隅已逝，桑榆非晚：东隅，日出处，表示早晨，引申为“早年”。桑榆，日落处，表示傍晚，引申为“晚年”。早年的时光消逝，如果晚年珍惜时光，发愤图强，并不晚。《后汉书·冯异传》：“失之东隅，收之桑榆。”

[108]孟尝：字伯周，东汉会稽上虞（今浙江上虞）人。曾任合浦太守，

以廉洁奉公著称，后因病隐居。桓帝时，虽有人屡次荐举，终不见用。

[109]阮籍：生于210年，卒于263年，字嗣宗，陈留尉氏（今属河南）人，晋代名士，不满世事，佯装狂放，常驾车出游，路不通时就痛哭而返。《晋书·阮籍传》记载："时率意独驾，不由径路。车迹所穷，辄恸哭而反。"

[110]三尺：衣带下垂的长度。古时服饰制度规定，束在腰间的绅的长度因地位不同而有所区别，士规定为三尺。古人称成人为"七尺之躯"，称不大懂事的小孩儿为"三尺童儿"。

[111]微命：即"一命"，周朝官阶制度是从一命到九命，一命是最低级的官职。

[112]等：相同，用作动词。

[113]终军：字子云，汉代济南人。武帝时出使南越，自请"愿受长缨，必羁南越王而致之阙下"，时仅二十余岁。

[114]投笔：汉代班超投笔从戎的故事。

[115]宗悫：据《宋书·宗悫传》，宗悫字元干，南朝宋南阳人，年少时向叔父自述志向，云"愿乘长风破万里浪"。后因战功受封。

[116]簪笏：官吏奏事，簪笔执笏。官吏用物，这里代指官职地位。

[117]百龄：百年，犹"一生"。

[118]奉晨昏：侍奉父母。《礼记·曲礼上》："凡为人子之礼……昏定而晨省。"

[119]谢家之宝树：指谢玄，比喻好子弟。《世说新语·言语》："谢太傅（谢安）问诸子侄：'子弟亦何预人事，而正欲使其佳？'诸人莫有言者。车骑（谢玄）答曰：'譬如芝兰玉树，欲使其生于庭阶耳。'"

[120]接孟氏之芳邻：接通“结”，结交。见刘向《列女传·母仪篇》。据说孟轲的母亲为教育儿子而三迁择邻，最后定居于学宫附近。

[121]他日趋庭，叨陪鲤对：趋庭，受父亲教诲。鲤，孔鲤，孔子之子。《论语·季氏》：“（孔子）尝独立，（孔）鲤趋而过庭。（子）曰：‘学《诗》乎？’对曰：‘未也。’‘不学《诗》，无以言。’鲤退而学《诗》。他日，又独立，鲤趋而过庭。（子）曰：‘学《礼》乎？’对曰：‘未也。’‘不学《礼》，无以立。’鲤退而学《礼》。”

[122]捧袂：举起双袖，表示恭敬的姿势。

[123]喜托龙门：意为登龙门。龙门，即河津，在今山西省稷山县，是黄河口岸之一。地势险峻，流经其地的鱼类都不能通过。古代传说鱼能跳过龙门，就可变化为龙。

[124]杨意不逢，抚凌云而自惜：杨意，杨得意的简称。凌云，指司马相如所作《大人赋》。据《史记·司马相如列传》，司马相如经蜀人杨得意引荐，方能入朝见汉武帝。

[125]钟期既遇，奏流水以何惭：钟期，钟子期的简称。《列子·汤问》：“伯牙善鼓琴，钟子期善听。伯牙鼓琴……志在流水，钟子期曰：‘善哉！洋洋兮若江河。’”

[126]常：长存。

[127]梓泽：即晋石崇的金谷园，故址在今河南省洛阳市西北。

[128]临别赠言：临别时赠送正言以互相勉励。

[129]恭疏短引：恭敬地写下一篇小序，在此指本文。

[130]一言均赋：与会的人，各分一言（字）为韵，以四韵（八句）成篇。

[131] 四韵俱成：（我的）四韵一起写好了。四韵，八句四韵诗，指王勃此时写下的《滕王阁诗》：“滕王高阁临江渚，佩玉鸣鸾罢歌舞。画栋朝飞南浦云，珠帘暮卷西山雨。闲云潭影日悠悠，物换星移几度秋。阁中帝子今何在？槛外长江空自流。”

[132] 请洒潘江，各倾陆海云尔：钟嵘《诗品》：“陆（机）才如海，潘（岳）才如江。”这里形容各宾客的文采。

【文学常识】

王勃(650 或 649—676)，唐代诗人，字子安，绛州龙门(今山西河津)人。他与杨炯、卢照邻、骆宾王齐名，世称“初唐四杰”，其中王勃是“初唐四杰”之首。王勃自幼聪敏好学，据《旧唐书》记载，他六岁即能写文章，文笔流畅，被赞为“神童”。九岁时，读颜师古注《汉书》，作《指瑕》十卷以纠正其错。上元三年（676）八月，自交趾（在越南河内西北）探望父亲返回时，不幸渡海溺水，惊悸而死，时年 27 岁。王勃在诗歌体裁上擅长五律和五绝，他创作“壮而不虚，刚而能润，雕而不碎，按而弥坚”的诗文，对转变风气起了很大作用，代表作品有《送杜少府之任蜀州》。主要文学成就是骈文，代表作品有《秋日登洪府滕王阁饯别序》(习称《滕王阁序》)等。

【赏析】

相传上元二年(675) 王勃前往交趾看望父亲(那时他父亲任交趾县令)，路过南昌时作此文。九月九日都督阎公在滕王阁举行诗会，大宴宾客，阎公本意是让其婿孟学士作序以彰其名，不料在假意谦让时，王勃却提笔就作。阎公初以“更衣”为名，愤然离席。当听到“落霞与孤鹜齐飞，秋水共长天一色”一句，大惊“此真天才，当垂不朽矣”，出立于勃侧而观，遂亟请宴所，极欢而罢。

此文描绘了一幅流光溢彩的滕王阁秋景图，近观远眺，都是浓墨重彩，写出了滕王阁壮美而又秀丽的景色，状写宴会高雅而宏大的气势，同时抒发自己内心深处的郁闷和不平，倾吐自己“有怀投笔”“请缨”报国的情怀和勇往直前的决心。情由景生，水乳交融，浑然天成，恰似行云流水，挥洒自如，自然流畅。

捕蛇者说[1]

柳宗元

永州之野[2]产[3]异[4]蛇，黑质而白章[5]，触[6]草木尽[7]死，以[8]啮[9]人，无御[10]之[11]者。然得而腊[12]之以为饵[13]，可以[14]已[15]大风[16]、挛踠、瘘、疠[17]，去[18]死肌[19]，杀三虫[20]。其始，太医以王命[21]聚[22]之，岁赋其二[23]，募[24]有能捕之者，当[25]其租[26]入[27]，永之人争奔走[28]焉[29]。

有蒋氏者，专[30]其[31]利三世矣。问之，则[32]曰：“吾祖死于是[33]，吾父死于是，今吾嗣[34]为[35]之十二年，几[36]死者数[37]矣。”言之，貌[38]若甚戚[39]者。

余悲之，且[40]曰：“若[41]毒[42]之乎？余将[43]告于莅事[44]者，更若役[45]，复[46]若赋，则何如？”蒋氏大[47]戚，汪然出涕曰：“君将哀而生[48]之乎？则吾斯役之不幸，未若[49]复吾赋不幸之甚也。向[50]吾不为斯役，则久已病[51]矣。自吾氏三世居[52]是乡，积[53]于今六十岁矣，而乡邻之生[54]日蹙[55]。殚[56]其地之出，竭[57]其庐[58]之入，号呼而转徙[59]，饥渴而顿踣[60]，触风雨，犯[61]寒暑，呼嘘毒疠[62]，往往而死者相藉也。曩[63]与吾祖居者，今其室[64]十无一焉，与吾父居者，今其室十无二三焉，与吾居十二年者，今其室十无四五焉，非死则[65]徙尔[66]，而吾以[67]捕蛇独存。悍吏之来吾乡，叫嚣[68]乎东西，隳突[69]乎南北，哗然而骇[70]者，虽鸡狗不得宁焉。吾恂恂[71]而起，视其缶[72]，而吾蛇尚存，则弛然[73]而卧。谨食之，时[74]而献焉。退[75]而甘[76]食其土之有[77]，以尽吾齿[78]。盖[79]一岁之犯死者二焉，其余则熙熙[80]而乐，岂若吾乡邻之旦旦有是[81]哉！今虽死乎此，比吾乡邻之死则已后矣，又安敢毒[82]耶？”

余闻而愈悲。孔子曰：“苛[83]政猛于[84]虎也。”吾尝疑乎[85]是，今以蒋氏观之，犹信。呜呼！孰知赋敛之毒，有甚是蛇者乎！故为之说，以俟[86]夫观人风[87]者得焉。

【注释】

[1]选自《柳河东集》。写于作者被贬到永州（今湖南零陵）时，是柳宗元的散文名篇。“说”为古代一种议论文体，既可说明、记叙事物，也可发表议论，都是为了表现作者的见解，说明寄寓的道理。

[2]野：郊外，野外。

[3]产：出产，天然生长。

[4]异：奇异，特别。

[5]黑质而白章：黑色的底子，白色的花纹。

[6]触：接触。

[7]尽：全，都。

[8]以：假设连词，如果。

[9]啮（niè）：咬。

[10]御：抵挡。

[11]之：代词，指被毒蛇咬后的伤毒。

[12]腊（xī）：干肉，这里作动词用，指把蛇肉晾干。

[13]饵：指药饵。

[14] 可以：可以用来。

[15] 已：止，治愈。

[16] 大风：麻风病。

[17] 挛踠（luán wǎn）、瘘（lòu）、疠（lì）：手脚弯曲不能伸展的病、肿脖子病和恶疮。

[18] 去：去除。

[19] 死肌：死肉，腐肉。

[20] 三虫：泛指人体内的寄生虫。

[21] 命：命令。

[22] 聚：征集。

[23] 岁赋其二：每年征收这种蛇两次。

[24] 募（mù）：招收。

[25] 当（dàng）：抵。

[26] 租：税收。

[27] 入：缴纳。

[28] 奔走：指忙着做某件事。

[29] 焉：兼词，于之，在捕蛇这件事上。也可理解为语气词兼代词。

[30] 专：独占。

[31] 其：代指这种捕蛇而不纳税的好处。

[32] 则：却。

[33] 是：代指捕蛇这件事。

[34] 嗣（sì）：继承。

[35] 为：做。

[36] 几（jī）：几乎。

[37] 数（shuò）：多次。

[38] 貌：脸色。

[39] 戚：忧伤。

[40] 且：并且。

[41] 若：第二人称代词，你。

[42] 毒：怨恨。

[43] 将：打算。

[44] 莅（lì）事：视事，管理事务。

[45] 更（gēng）若役：更改你的差使。

[46] 复：恢复。

[47] 大：非常。

[48] 生：使……活。

[49] 若：比得上。

[50] 向：这里是假使的意思。

[51] 病：困苦不堪。

[52] 居：居住。

[53] 积：一年一年累积起来。

[54] 生：生活，生计，生存期间。

[55] 日蹙（cù）：一天天窘迫。

[56] 殚：尽。

[57] 竭：尽，完。

[58] 庐：简陋的房屋。

[59] 徙：辗转迁移。

[60] 顿踣（bó）：（劳累得）跌倒在地上。

[61] 犯：冒。

[62] 疠（lì）：这里指疫气。

[63] 曩：从前。

[64] 其室：他们的家。

[65] 非……则……：不是……就是……。

[66] 尔：用于句尾，表示限制的语气。

[67] 以：凭，凭借。

[68] 嚣：叫喊。

[69] 隳（huī）突：骚扰。

[70] 骇：使人害怕。

[71] 恂（xún）恂：提心吊胆的样子。

[72] 缶（fǒu）：瓦罐。

[73] 弛然：放心的样子。

[74] 时：到（规定献蛇的）时候。

[75] 退：回来。

[76] 甘：有味地。

[77] 有：生产出来的东西。

[78] 齿：岁月。

[79] 盖：用于句首，带有估计的语气。

[80] 熙熙：快乐的样子。

[81] 旦旦有是：天天都要冒死亡的危险。

[82] 毒：怨恨。

[83] 苛：苛刻。

[84] 于：比。

[85] 乎：相当“于”，对。

[86] 俟（sì）：等待，这里有希望的意思。

[87] 人风：即民风。唐代为了避李世民的讳，用“人”字代“民”字。

【文学常识】

柳宗元（773—819），字子厚，河东解（今山西运城西南）人，“唐宋八大家”之一，唐代文学家、哲学家和思想家，世称“柳河东”“河东先生”，因官终柳州刺史，又称“柳柳州”。柳宗元与韩愈倡导古文运动，并称为“韩柳”。与刘禹锡等参加主张革新的王叔文集团，并称“刘柳”。

柳宗元一生留存的诗文作品六百余篇，其文的成就大于诗，骈文有近百篇。他的散文题材广泛，内容深刻，形象生动，语言简练，在文学史上有重要地位。他还写了不少政论和哲学论文。在诗歌创作上，他善于用简朴疏淡的语言表达深刻的思想内容。代表作品有《河东先生集》。

【赏析】

唐玄宗天宝中期（746—750）到唐宪宗元和初期（806—810）这一段时间里，战乱频繁，先后发生过安史之乱、对吐蕃的战争、朱泚叛乱等，全国户口锐减，朝廷随意增设税收官，多立名目，旧税加新税，

无有限制，使人民的负担日益加重。作者以此段时间为背景，创作了《捕蛇者说》，对“赋敛之毒，有甚是蛇”进行了生动的描写。文中的捕蛇者祖、父均死于蛇，而同辈之人也有数人死于此，明明是备受毒蛇之苦，却说独享捕蛇之利，在这极为矛盾的境况中，更见其内心的酸楚。捕蛇者将自己的生活与乡邻的生活进行一番对比，以他“以捕蛇独存”和乡邻们“非死则徙”相对比，以他“弛然而卧”和乡邻们备受悍吏袭扰相对比，以他“一岁之犯死者二”和乡邻们“旦旦有是”相对比，说明捕蛇之不幸确实“未若复吾赋不幸之甚也”，从而让人深刻地了解到赋税之毒害竟比毒蛇之害还要严重的现状。文章通过揭露永州百姓在封建官吏的横征暴敛下家破人亡的悲惨遭遇，有力地控诉了社会吏治的腐败，也从侧面反映了作者坚持改革的愿望。

卖炭翁[1]

白居易

卖炭翁，伐薪烧炭南山[2]中。
满面尘灰烟火色[3]，两鬓苍苍十指黑。
卖炭得钱何所营[4]？身上衣裳口中食。
可怜[5]身上衣正单，心忧炭贱愿天寒。
夜来城外一尺雪，晓驾炭车辗冰辙[6]。
牛困[7]人饥日已高，市南门外泥中歇。
翩翩两骑[8]来是谁？黄衣使者白衫儿[9]。
手把文书口称敕[10]，回车叱牛牵向北[11]。
一车炭，千余斤[12]，宫使驱将惜不得[13]。
半匹红绡一丈绫[14]，系向牛头充炭直[15]。

【注释】

[1]卖炭翁：此篇是白居易创作的组诗《新乐府》中的一首，题注云："苦宫市也。"宫市，指唐代皇宫里需要物品就向市场上去拿，随便给点钱，实际上是公开掠夺。唐德宗时用太监专管其事。

[2]伐：砍伐。薪：柴。南山：城南之山。

[3]烟火色：烟熏色的脸。此处突出卖炭翁的辛劳。

[4]得：得到。何所营：做什么用。营，经营，这里指需求。

[5]可怜：使人怜悯。

[6] 晓：天亮。辗（niǎn）：同“碾”，压。辙：车轮滚过地面辗出的痕迹。

[7] 困：困倦，疲乏。

[8] 翩翩：轻快洒脱的情状。这里形容得意忘形的样子。骑（jì）：骑马的人。

[9] 黄衣使者：指皇宫内的太监。白衫儿：指太监手下的爪牙。

[10] 把：拿。称：说。敕（chì）：皇帝的命令或诏书。

[11] 回：调转。叱：呵斥。牵向北：指牵向宫中。

[12] 千余斤：不是实指，形容很多。

[13] 驱：赶着走。将：语助词。惜不得：舍不得。惜，舍。得，能够。

[14] 半匹红绡一丈绫：唐代的市场交易，绢帛等丝织品可以代货币使用。当时钱贵绢贱，半匹纱和一丈绫，与一车炭的价值相差很远。这是官方用贱价强夺民财。

[15] 系（jì）：绑扎。这里是挂的意思。直：通“值”，指价格。

【文学常识】

《卖炭翁》是白居易《新乐府》组诗中的第三十二首，自注云：“苦宫市也。”白居易写作《新乐府》是在元和初年，这正是宫市为害最深的时候。他对宫市十分了解，对人民又有深切的同情，所以才能写出这首感人至深的《卖炭翁》来。“宫市”的“宫”指皇宫，“市”是买的意思。皇宫所需的物品，本来由官吏采买。中唐时期，宦官专权，横行无忌，连这种采购权也抓了过去，常有数十人分布在长安东西两市及热闹街坊，以低价强购货物，甚至不给分文，还勒索“进奉”的“门户钱”及“脚价钱”。名为“宫市”，实际是一种公开的掠夺。

【赏析】

《卖炭翁》描写了一个烧木炭的老人谋生的困苦。两鬓苍苍、满面尘灰的卖炭翁，辛苦劳作只是为了身上衣、口中食，当他抱着希望来到京城时，却遇上了“手把文书口称敕”的“宫使”。在皇宫的使者面前，在皇帝的文书和敕令面前，卖炭翁在从“伐薪”“烧炭”“愿天寒”“驾炭车”“辗冰辙”，直到“泥中歇”的漫长过程中所盘算的一切、所希望的一切，跟着那“叱牛”声，全都化为泡影！本诗通过对卖炭翁遭遇的描写，揭露了老百姓承受剥削阶级肆意剥削的现实，揭露了当时社会的黑暗，同时也表现出作者对下层劳动人民的深切同情。